평화무임승차자의 80일

5인의 독립운동가를 찾아 대륙을 누빈, 다훈이의 격하게 뜨끔한 여행기

초판 1쇄 발행 2016년 8월 15일 \ **초판 3쇄 발행** 2018년 7월 10일
지은이 정다훈 \ **펴낸이** 이영선 \ **편집 이사** 강영선 김선정 \ **주간** 김문정
편집장 임경훈 \ **편집** 김종훈 이현정 \ **디자인** 김회량 정경아
독자본부 김일신 김진규 김연수 정혜영 박정래 손미경 김동욱

펴낸곳 서해문집 \ **출판등록** 1989년 3월 16일(제406-2005-000047호)
주소 경기도 파주시 광인사길 217(파주출판도시) \ **전화** (031)955-7470 \ **팩스** (031)955-7469
홈페이지 www.booksea.co.kr \ **이메일** shmj21@hanmail.net

정다훈 © 2016
ISBN 978-89-7483-804-1 03910
값 11,800원

이 도서의 국립중앙도서관 출판시도서목록(CIP)은 e-CIP 홈페이지(http://www.nl.go.kr/ecip)에서
이용하실 수 있습니다.(CIP제어번호: CIP2016017548)

정다훈 지음

평화무임
승차자의
80
일

5인의 독립운동가를 찾아 대륙을 누빈,
다훈이의 격하게 뜨끔한 여행기

서해문집

삭제될 수 없는 기억,
여전히 살아 숨 쉬는 역사!

지그시 눈을 감으면 몇 가지 장면이 떠오릅니다.

하나, 2003년 겨울, 인도를 여행하던 중 티베트 망명정부가 세워진 다람살라에서 한 소녀를 만났습니다. 그녀의 아버지는 티베트의 독립운동을 위해 삶을 온전히 바친 사람이었습니다. 그는 오랜 수감생활 끝에 온몸이 쇠약해질 대로 쇠약해진 상태였고, 언제 숨이 멎을지 알 수 없는 상황이었습니다. 그러나 그 순간에도 그는 어린 막내딸에게 티베트어를 가르치며 잊혀 가는 티베트의 역사를 기록하고 있었습니다. 어린 막내딸은 그런 아버지 곁에서 희미한 촛불에 의지해 그의 말과 기록을 묵묵히 바라보고 있었습니다. 그 아버지와 딸의 모습이 지금 이 순간에도 생생하게 떠오릅니다.

둘, 2008년 미국 최초의 흑인 대통령인 오바마가 취임하던 날, 워싱턴 한복판에서 흘러넘치던 그날의 환호를 기억합니다. 당시 워싱턴에 있던 나는 민주당과 공화당 의원이 함께 인권에 관해 논의하던 미국 민주주의재단에서 인턴으로 일했습니다. 북한과 중국의 심각한 인권 문제를 피부로 느끼던 중 탈북 문제의 심각성을 알리기 위해 영화 〈크로싱〉 시사회를 준비했습니다. 시사회가 끝나고 그들이 한국인인 나를 바라보던 연민의 눈빛을 잊지 못합니다. 그들에게 나는 세계 10위권의 경제 강국이나 한류를 이끄는 문화 강국 '대한민국' 국민이 아니라 세계 유일 분단국의 국민인, 그저 안타까운 존재였습니다.

셋, 2014년 봄, 베이징대학 대학원에서 논문을 쓰던 당시 아버지는 나에게 미완성의 원고를 한 편 넘겨주셨습니다. 눈이 점점 보이지 않게 되자 끝까지 원고를 마무리할 수 없다는 생각에 내게 넘겨주신 그 원고는 '만주순례기'라는 제목을 달고 있었습니다. 여러 차례에 걸쳐 만주 지역을 답사하면서 대한민국의 독립운동사와 현재 동북아시아의 역사, 그리고 영토 갈등에 대해 쓴 여행기였지요. 아버지의 원고는 나에게 어떤 메시지를 주는 듯했습니다. 아버지는 왜 원고에 '만주순례기'라는 제목을 붙였을까? 왜 하필 나에게 넘겨주셨을까? 고민하고 또 고민하게 되었습니다.

넷, 2015년 겨울, 나는 아버지와 함께 시베리아를 횡단하고 만주 지역을 답사하면서 아버지 대신 원고를 쓰기 시작했습니다. 내가 지금까지 세상을 여행하며 생각의 지평을 넓히게 된 가장 중요한 계기는 바로 아버지의 헌신적 노력 때문입니다.

아버지는 내가 살고 있는 지역을 넘어 더 넓은 세상이 있음을, 단 하나의 시각에 매몰된 편견과 왜곡이 어떤 비극을 부르는지, 우리는 누구이며 이 땅의 역사를 어떻게 기억해야 하는지, 이 시대의 정신과 미래의 모습에 대해 끊임없이 이야기해 주셨습니다. 이 책은 지난 23년 동안 대학에서 학생을 가르쳐 온 내 아버지 정인화 교수가 나를 포함한 이 시대 모든 젊은이들에게 전하고 싶었던 뜻을 대신 마무리 지은 책입니다.

오늘날을 살아가는 우리 모두는 기억조차 하지 못하는 누군가의 치열한 저항과 투쟁이 거둔 '평화'라는 결실에 그저 무임승차해 살고 있는 것인지도 모른다는 생각을 해 봅니다. 알면서도 모르는 척하거나 아예 의식조차 못하면서 그저 주어진 자유와 평화를 의심없이 누리면서 살고 있는 것은 아닐까요? 만약 대한민국의 독립을 위해 끊임없이 저항하고 목숨까지 바친 그 누군가가 없었다면, 그들이 일군 역사가 없었다면, 나는 지금 이 순간 이 땅에서 한글로 말하고 생각하며 '한국인'으로 살아갈 수 있을까? 그리고 대한민국이라는 나라 자체를 기억이나 할 수 있을까? 단연코 아니라고 답할 수 있습니다.

우리는 저항의 시대를 살았던 수많은 사람들을 독립운동가라 부릅니다. 그들의 처절했던 희생 위에 선 '평화'에 '무임승차'한 우리가 해야 할 일은 무엇일까요? 바로 그들이 이룬 역사를 기억하는 것, 그들이 자신의 삶과 가족을 희생하면서까지 지키고자 했던 이 땅의 평화를 기억하는 것이 우리가 지녀야 할 최소한의 예의이자 의무라고 생각합니다.

하지만 우리는 여전히 분단된 나라에 살고 있습니다. 서로가 지닌 생각이 다르다는 이유로 수시로 충돌하면서 휴전 상태에 만족하며 하루하루를 살고 있습니다. 조국의 독립이라는 대의를 위해 함께 싸우던 독립운동가의 역사 역시 분단된 현대사 속에서 은폐되고 왜곡되었습니다.

북한에서는 자유주의를 표방하던 독립운동가의 역사를 가르치지 않고, 남한에서는 사회주의와 아나키즘을 표방하던 독립운동가의 역사를 가르치지 않습니다. 그래서 지금껏 온전하고 통합된 시각의 독립운동사는 존재할 수 없었습니다. 또한 철저하게 남성 중심으로 이루어졌던 독립운동가에 대한 연구 흐름 때문에 여성 독립운동가의 역사는 제대로 알려지지 않고 있습니다.

나는 이 땅의 자주적 독립을 외쳤던 수많은 독립운동가들이 꿈에서라도 보길 원했던 해방된 조국의 모습이 지금 이 모습은 아닐 거라고 확신합니다. 그들이 꿈꾸던 대한민국은 만나고 싶은 사람들이 서로 자유롭게 만나고, 가고 싶은 곳을 자유롭게 갈 수 있는 통일된 대한민국의 모습일 거라 생각합니다. 이런 이야기를 꺼내면 도대체 과거에 있었던 독립운동사가 해방이 된 지금의 우리 현실과 무슨 상관이 있느냐고 묻는 사람들이 있습니다. 그들에게 말하고 싶습니다. 우리의 독립운동은 온전한 대한민국이 이루어지는 그 순간까지 끝난 것이 아니라고.

　독립운동가들의 흔적을 좇는 내내 그 시간 그곳에서 함께한다는 느낌을 지울 수 없었습니다. 그 느낌을 그대로 전달하고자 먼저, 그들의 삶에서 가장 극적인 순간 한 토막을 떼어 와 생동감 있게 재현했습니다. 또한 현재까지 남아 있는 역사적 공간에서 과거로 돌아가 독립운동가들과 가상 인터뷰를 가졌습니다. 궁금했던 점들을 묻고 대답을 들으며 어제보다 더 어제를, 내일보다 더 내일을 '오늘'로 가져오고자 애쓴 그들의 삶을 더 깊이 이해할 수 있었습니다. 그 밖에 한번쯤 생각해 볼 거리들을 정리해 과거의 인물인 독립운동가의 삶이 우리에게 어떻게 영향을 미치는지 알아보았습니다.

　'기록'되지 않은 역사는 '의미'가 없지만 '기억'되지 않는 역사는 '미래'가 없습니다. 이 책은 아버지의 원고를 이어받은 내가 역사를 '기억'하려는 의지의 기록입니다. 진정한 독립을 이룬 대한민국으로 가는 그 시작은 단순한 '기록'이 아닌 '기억'에서 시작해야 합니다. 얼마나 많은 사람들의 희생 위에 지금의 대한민국이 존재할 수 있었는지, 어떻게 이 땅에 평화가 올 수 있었는지, 지금 우리는 얼마나 많은 왜곡과 은폐로 뒤덮인 현대사를 살아가는지를 아는 것부터 시작해야 합니다.

이런 기억의 의지를 통해 우리의 부끄러운 삶을 되돌아보고, 통합되고 열린 시각에서 독립운동의 역사를 제대로 바라보는 것부터 시작해야만 우리는 미래를 꿈꿀 수 있습니다. 진정한 독립국가를 위해 과거를 똑바로 '기억'하는 순간이야말로 진짜 미래를 준비하는 시간이 될 것이라 믿습니다.

2016년, 중국에서

정다훈

차례

#01
과거로의
여행

#02
미래로의
여행

#01

과거로의
여행

난잎으로
칼을
얻다

1932년 11월 초, 날씨가 제법 쌀쌀하다. 상하이 황푸강(黃浦江, 황포강) 항구에서 떠난 남창호가 다롄항(大连港, 대련항)으로 다가가고 있다. "다롄항이 보인다!" 누군가 외치는 소리에 사람들의 표정이 순식간에 달라진다. 긴 여행으로 지쳐 있던 표정은 어느새 설레고 기대가 가득한 얼굴로 바꼈다. 배 안에서 오랜 시간을 보낸 승객들은 아스라이 멀리 보이는 다롄항이 반갑기만 하다. 도착할 때까지는 아직 시간이 남았지만 승객들은 서둘러서 짐을 챙겨 들고 내릴 준비를 한다. 어수선하고 들뜬 공기가 가득한 갑판 위에 서서 항구를 응시하는 한 노인이 눈에 띈다. 쉽지 않은 세월을 보낸 듯한 노인의 주름진 얼굴에는 수심이 가득하다. 검정색 창파오를 입고 털모자를 쓴 모습이 평범한 중국인으로 보이지만 상대적으로 갸름한 얼굴에 흰 피부는 그가 조선인이라는 것을 짐작하게 해 주었다.

상하이를 떠나 베이징을 거쳐 다롄으로 오는 동안 노인은 내내 혼자였다. 누군가와 눈을 마주치거나 말을 섞지도 않았다. 만주에 있는 가족을 찾아가는 길인지 아니면 그저 홀로 여행을 즐기는 것인지 알수 없다. 조심스러운 행동이 몸에 밴 듯하다. 옷깃을 파고드는 바닷바람이 그의 온몸을 휘감았다. 반짝이는 별처럼 빛나는 노인의 눈이 항구 저편을 지그시 살핀다. 그의 눈 속에는 반짝이는 의지의 불꽃과 평정을 잃지 않는 무심함이 동시에 서려 있다. 점점 다가오는 항구 저편의 낯선 공기가 손에 잡힐 듯하다. 순간적으로 등줄기를 타고 흐르는 불안감이 노인의 몸을 파고든다.

도착할 때가 되자 노인은 점점 초조해져 스스로에게 주문을 걸듯 같은 말을 반복했다. '항구를 무사히 빠져나갈 수 있으면 된다' 상

1930년대 다롄항

하이를 떠나올 때 배 위까지 올라와 전송하던 아들의 얼굴이 머릿속에 잠시 스친다. 드디어 다롄항에 닻을 내렸다. 사람들이 내리기도 전 선착장과 연결된 간이 통로를 통해 사복경찰로 보이는 사람들이 배에 오른다. 저벅저벅. 발소리가 가까워 오자 막연한 불안감은 현실이 되어 노인 앞에 나타났다. 망설임 없이 다가오는 그들의 발걸음 소리에 심장이 무너지는 듯하다. 순간적으로 노인의 눈빛이 우울한 달빛처럼 흐려졌다. '아뿔싸! 비밀이 새 나갔구나' 다롄항의 찬바람 속에서 노인의 마지막 바람이 흩어져 버렸다. 노인의 눈빛에는 절망과 회한이 감돌았지만 그의 몸짓은 그들에게 끌려가는 내내 기품 있고 당당했다.

다롄 수상경찰서로 끌려온 노인은 살아서 이곳을 빠져나갈 수 없음을 직감했다. 22년 동안 일본 경찰의 눈을 피해 도모한 일들이 한순간에 끝났다. 자신의 생이 여기서 끝난다 할지라도 만주로 가려던 이유를 말할 수는 없었다. 66세의 나이에 그는 다롄 수상경찰서 교도소에서 고문을 받은 뒤 뤼순감옥에서 마지막 숨을 거두고 만다. 이것이 바로 조선의 명문가에서 태어나 잃어버린 조국을 되찾기 위해 전 재산을 처분하고 온 가족이 항일 독립운동에 평생을 바친 '우당 이회영' 선생의 마지막 모습이다.

노블레스 오블리주의 실천가,
우당 이회영

중국 대륙의 동쪽 끝에 있는 랴오둥 반도遼東半島, 요동반도의 여름 날씨는 무척이나 덥다. 독립운동가들의 흔적을 찾아 떠난 이번 여행은 숨막히는 더위와 함께 시작되었다. 한낮의 뜨거운 햇볕을 잠시 피한 뒤 거리로 나섰다. 다롄 시내를 무작정 거닐다가 손으로 만든 엽서를 파는 가게에 들렀다. 러시아 거리 한복판에 있는 이 가게에서는 주로 다롄의 옛 건물이 그려져 있는 엽서들을 판매한다. 가게의 한쪽 벽면에 걸려 있는 손으로 그린 지도가 내 눈길을 끌었다. 1932년의 다롄 시내를 담은 희귀한 지도다. 그 지도에는 내가 찾아가려던 곳, 우당 이회영이 체포된 후 구금되었던 수상경찰서의 모습이 남아 있었다. 현재 다롄항 바로 앞에 서 있는 6층 건물은 그 옛날 모습 그대로 다롄시에서 관리하는 유물로 남아 있다.

우당 이회영友堂 李會榮, 1867.3.17~1932.11.17 선생은 이항복의 후예로 대대로 높은 관직에 진출했던 명문 사대부 집안 출신이다. 개혁 성향이 강한 가풍에 영향을 받았던 그는 모든 인간의 절대 자유와 절대 평등을 주장하는 아나키스트이자 독립운동가였다. 헤이그 특사 파견 실패 후 국외에 독립운동 기지를 마련하고자 여섯 형제와 가족, 노비를 포함한 일가족 전체가 만주로 망

다롄 수상경찰서의 현재 모습

명했다. 망명하기 전에는 전 재산을 팔아 독립운동 자금을 마련했고, 망명한 이후에는 평생 교육사업과 항일 무장투쟁에 헌신했다. 만주 최초의 독립운동 기지인 경학사耕學社[*]를 세워 이주한 조선인의 정착을 도왔고, 대한독립군 군관학교인 신흥무관학교新興武官學校[*]를 세우는 등 진정한 노블레스 오블리주noblesse oblige

를[*] 실천한 사람이다.

이회영이 가족들과 함께 조선을 떠나면서 남긴 말을 보면 그의 남다른 각오를 엿볼 수 있다.

"슬프다. 세상 사람들은 우리 가족에 대하여 말하기를 대한 공신의 후예라 하며 국은國恩과 세덕世德이 이 시대의 으뜸이라 한다. 그러므로 우리 형제는 나라와 더불어 안락과 근심을 같이할 위치에 있다. 지금 한일합병의 괴변으로 인하여 한반도의 산하가 왜적의 것이 되고 말았다. 우리 형제가 당당한 명문 호족으로서 차라리 대의가 있는 곳에 죽을지언정 왜적 치하에서 노예가 되어 생명을 구차히 도모한다면 이는 어찌 짐승과 다르겠는가? 이제 우리 형제는 당연히 생사를 따지지 않고 처자노유妻子老幼를 인솔하고 중국으로 망명하여 차라리 중국인이 되는 것이 좋겠다 생각한다. 또 나는 동지들과 상의하여 근역槿域에서 하던 모든 활동을 만주로 옮겨 실천하려 한다. 만일 뒷

경학사
1911년 이회영, 이시영, 이동녕, 이상룡 등이 만주 서간도 류허현(柳河縣)에서 조직한 항일 자치단체다.

신흥무관학교
1911년 서간도에서 개교한 독립군 양성 기관. 신흥무관학교 졸업생들은 서로군정서 의용대, 조선혁명군, 대한독립군, 대한민국 임시정부 광복군 등에 참여해 무장 독립운동의 한 축을 차지했다.

노블레스 오블리주
사회 고위층 인사에게 요구되는 높은 수준의 도덕적 의무. 초기 로마 사회에서 사회 고위층들이 의무이자 명예로 인식했던 봉사와 기부 등의 행위에서 시작되었다.

날에 행운이 있어 왜적을 부숴 멸망시키고 조국을 다시 찾으면, 이것이 대한민족된 신분이요 또 왜적과 혈투하시던 백사白沙 공公의 후손된 도리라고 생각한다. 여러 형님 아우님들은 나의 뜻을 따라 주시기 바라노라."

_ 이덕일,《이회영과 젊은 그들》중에서

　22년 동안 일본 경찰의 눈을 피해 블라디보스토크와 베이징, 상하이 등의 지역에서 활동하던 그는 왜 다롄을 거쳐 만주로 가려 했을까? 비교적 안전한 난징南京, 남경이나 충칭重慶, 중경을 내버려 두고 왜 하필 일본의 지배를 받던 만주로 가려 했던 것일까? 다롄에 남겨진 그의 이야기가 몹시 궁금했다. 나는 그를 만나기 위해 서둘러 옛 수상경찰서 건물로 발걸음을 옮겼다.

생의 마지막 불꽃마저
찬란하게 태우며

수상경찰서 안쪽 구석, 어두침침한 고문실 안에 다롄항으로 들어오는 배 위에서 체포된 한 노인이 앉아 있다. 피로 얼룩진 옷을 입은 그의 온몸에 고문의 흔적이 고스란히 남아 있다. 힘겨운 싸움을 하고 있지만, 그의 눈은 오히려 더 맑게 빛나고 있었다. 테러리

이회영

스트이자 대동아공영*의 파괴자이며 불순분자로 낙인찍힌 이회영을 보호해 줄 만한 것은 아무것도 없었다. 도와주는 이 하나 없는 이 교도소 안에서 삶의 마지막 불꽃을 태우는 그에게 조용히 말을 걸었다.

다훈　안녕하세요. 저는 대한민국에서 온 정다훈이라고 합니다. 베이징에서 공부를 하던 중 독립운동을 하셨던 선생님들의 발자취를 뒤따르는 여행을 시작했습니다. 이곳 다롄에서 선생님을 만나 뵙게 되어서 영광입니다.

이회영　반갑습니다. 나도 꽤 오랜 기간 동안 베이징에서 머물렀던 적이 있습니다. 자금성 북쪽 고루鼓樓 근처 작은 집에서 가족들과 함께 머무르던 시간이 그립구려. 아무래도 이곳이 내 삶의 마지막 장소가 될 것 같은데, 날 찾아 주어 고맙소.

다훈　이곳에서 선생님과 직접 대화를 나눌 수 있는 시간을 허락해 주셔서 감사합니다. 저는 대한민국이 일본의 지배 아래에서 독립한 지 70년이나 지난 시대에 살고 있습니다. 하지만 많은 사람들이 당시에 어떤 일이 있었는지, 얼마나 많은 사람들의 희생으로 평화로운 일상을 누리고 있는지 잘 알지 못합니다. 그런 사람들에게 이런 평화로운 날들이 얼마나 소중한 것인지를 알려 주

베이징에 머물던 시절 자녀들과 함께한 이회영

기 위해 선생님께서 하신 일들을 위주로 몇 가지 질문을 드려도 될까요?

이회영 내가 답해 줄 수 있는 것이라면 얼마든지 해 드리겠소.

다훈 베이징에 계실 당시 독립운동가들의 보금자리 역할을 해 주신 걸로 압니다. 베이징 시절의 이야기가 잘 알려지지 않았는데, 혹시 기억에 남는 이야기가 있으신가요? 다른 분들의 소식을 들으신 적 있으신지요?

이회영 베이징에서의 생활은 무척 어려웠던 시절이었다오. 안사람이 삯바느질을 하기도 했소이다. 다들 힘든 시절이니 서로 돕고 살아야 하는 게 맞지요. 특별히 기억나는 일은…… 아, 당시 베이징에 유학하던 심훈沈熏*에게 김치를 가져다 준 기억이 납니다. 고작 김치 한 포기였지만 서로 나누어 먹을 수 있음에 감사했지요. 고향의 맛을 함께 그리며 어서 빨리 독립을 이루어야겠다 생각했소이다. 그러고 보니 나와 신채호申采浩*, 김창숙金昌淑*에게 '북경삼걸'이라는 별명이 붙었다지요? 어쨌든 나는 조선의 양반으로서 책임과 의무를 다한 것뿐입니다. 누가 알아주지 않아도 나에게 주어진 길을 걸어간 것이지. 그러고 보니 나랑 함께하던 김창숙은 안타깝게도 상하이에서 체포되어 조선으로 끌려간 것으로 압니다.

다훈 이런 선생님의 삶을 사회지도층이라고 말하는 지식들이나 정치인들, 기업가들이 본받아야 할 것 같습니다. 그런데, 선생님께서는 상하이의 대한민국 임시정부의 수립을 반대하셨다던데 왜 그러셨습니까?

심훈
소설가이자 시인으로 농민문학의 장을 여는 데 크게 공헌했다. 대표작은 소설《상록수(常綠樹)》,《영원의 미소(永遠微笑)》, 우리나라 최초의 영화소설《탈춤》등이 있다.

신채호
《황성신문》,《대한매일신보》 등에서 활약하며 민족의 영웅전과 역사 논문을 발표하여 민족의식을 고취했다. '역사는 아(我)와 비아(非我)의 투쟁이다'라는 명제를 내걸고 한국 근대사학의 기초를 세웠다.

김창숙
3.1운동 후 전국의 유림을 모아 한국의 독립을 호소하는 진정서를 작성하여 프랑스 파리에서 열린 만국평화회의에 우편으로 제출했다. 1925년 임시정부 의정원 부의장에 선출되었다.

이회영 완전하게 광복을 이루기 전 정부 조직이 생기면 그 안에서 지위와 권력을 다투는 분란이 끊이지 않을 거라 생각했소. 그러니 임시정부를 조직하기보다는 독립운동본부를 통합해 힘을 하나로 모아 조선의 독립을 먼저 이루어야 한다고 판단했던 것이오. 아무리 좋은 뜻에서 생긴 조직이라고 할지라도 그 안에서 분란이 일어난다면 눈앞의 일에 전전긍긍하여 대의를 따르지 못하는 경우가 있으니 말입니다. 다른 어떤 것보다도 조선의 독립이 우선되어야 하지 않겠소.

다훈 상하이에 있던 독립운동본부 사람들 모두가 선생님께 만주로 가서는 안 된다고 말렸다던데, 대체 왜 만주로 갈 결심을 하신 겁니까?

이회영 나와 내 형제들은 독립운동을 위해 모든 것을 바쳐 왔소이다. 그런데 올봄 4월, 상하이에서 의거를 일으킨 윤봉길尹奉吉[*]의 순국을 보았소. 그런 젊은이들도 목숨을 아까워하지 않는데, 나이 든 내가 더 무엇을 아까워하겠소이까. 시간이 흐를수록 지쳐 가는 조선의 독립운동가들을 위해 내가 할 수 있는 것이 무엇인지 생각해 보았소. 만주는 1931년부터 일본 관동군이 점령하여 수많은 독립운동가들에게 큰

윤봉길
3.1운동이 일어나자 학교를 자퇴하고 농민계몽과 농촌부흥운동에 힘을 쏟았다. 1931년, 대한민국 임시정부가 있는 상하이로 가서 한인애국단에 입단했다. 1932년 4월 29일 일왕의 생일날 행사장에 폭탄을 던져 사형을 선고받고 순국했다.

신흥무관학교가 있던 자리(지금은 옥수수밭으로 변해 있다)

타격을 주었던 곳입니다. 게다가 청나라의 마지막 황제인 푸이溥儀를 내세워 허수아비 정부를 만든 곳이기도 하지요. 그러니 나의 편안함이나 안전함을 따질 것이 아니라 그곳에 가서 조선인들의 독립 의지를 되살리고, 나아가 중국인들에게도 항일 의지를 키우려 했던 것입니다.

다훈　그러셨군요. 만주에 경학사와 신흥무관학교를 세운 이유도 같은 의미에서 시작된 것인가요?

이회영　당시 조선에서는 일제의 탄압이 너무 가혹했기 때문에 국외에서 항일운동을 시작해야겠다는 생각이 들었소. 그래서 조

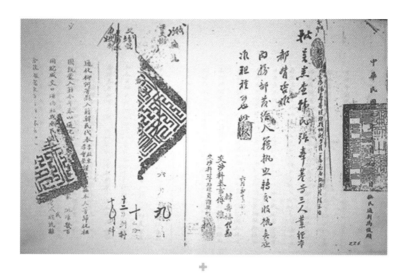

신흥무관학교 터 부지 매매문서에 적힌 이회영의 이름

신흥무관학교 학생들의 훈련 모습

선인들이 많이 이주한 만주에 새로운 독립운동 기지를 세운 것이지요. 그 시작이 바로 경학사요. 농업을 통해 자립생활을 유지하며 군사교육을 하고 민족의식을 키워 독립군을 양성하는 것이 우리의 목표였다오. 하지만 거듭된 흉작과 토지 매매를 금지한 중국 정부 때문에 곧 문을 닫게

되었소. 다만 경학사의 교육기관이던 신흥강습소가 나중에 신흥무관학교로 바뀌면서 무장한 독립군을 만드는 데 큰 역할을 했던 게 성과라면 성과일까. 신흥무관학교 출신 독립군들이 곳곳에서 큰 활약을 펼쳤다는 게 그저 기쁠 따름이지요.

다훈 그 이후에도 만주에서 많은 활약을 하셨던 걸로 압니다. 곳곳에 흩어진 무장 세력들을 모아서 통합하려 하신 특별한 이유가 있으신가요?

이회영 조선에 머물러 있을 때 나는 외교적으로 우리 조선이 처한 상황을 전 세계에 알리기 위해 노력했소. 하지만 헤이그 특사*가 실패하고 고종 황제의 망명도 실패하는 것을 보면서 외교적인 노력의 한계를 분명히 느꼈다오. 그래서 이제 방향을 바꾸어 우리도 무장을 갖추고 일제에 적극적으로 대항해야 한다고 생각했던 것이오. 또한 독립운동의 당위성에 대한 교육을 통해 나라를

재건해야 한다는 판단이 들었소. 그래서 곳곳에 흩어진 8개의 독립운동 단체와 9개의 독립운동회를 모아 대한통군부大韓統軍府*를 결성한 것이지. 내가 가족과 함께 만주로 향한 이유도 바로 만주에 동북항일의용군을 만들어 일제에 대항해 무장투쟁을 벌이기 위해서요.

다훈　하지만 무장투쟁은 혼자서 할 수 있는 일이 아니잖아요. 어떤 가능성을 보고 만주로 가시려던 것인가요?

이회영　벽에도 귀가 달린 이곳에서 자세한 이야기는 할 수 없지만, 힌트는 드리리다. 일제의 관동군 지배 아래 놓인 만주는 중국 국민당이나 공산당의 영향력이 미치지 못하는 곳이오. 만주족이 지배하던 청나라

대한통군부
1922년 한족회, 서로군정서, 보합단, 광한단, 광복군총영 등의 대표가 지금까지 뿔뿔이 흩어져 활동하던 각 단체를 통합해 만든 단체다.

신해혁명
1911년에 일어난 중국의 민주주의혁명이다. 제1혁명, 민국혁명(民國革命)이라고도 한다. 이 혁명에 의해 청나라가 멸망하여 2천 년간 계속된 전제정치가 끝나고, 쑨원을 대총통으로 하는 중화민국이 탄생했다.

이상설
1907년 고종의 밀서를 갖고 이준, 이위종과 함께 헤이그 만국평화회의에서 일본의 침략을 규탄했으나, 일본과 열강의 방해로 좌절되었다. 이후 미국과 시베리아를 떠돌다가 블라디보스토크에서 독립운동을 이어나갔다.

를 무너뜨린 신해혁명辛亥革命* 이래 중국 국내는 국민당과 공산당, 그리고 만주 군벌 간의 다툼이 한창이라는 것만 말할 수 있소이다. 나의 평생 동지인 이상설李相卨*과 나는 일본이 다른 강대

국들과의 전쟁에 돌입할 것이라
예상했소. 일본이 전쟁을 일으킬
때 조선인들이 아무런 준비를 하
지 못한다면 독립의 기회를 놓칠
거라 생각한 것이라오.

유림
임시정부 국무위원을 지내고 광
복 후에는 비상국민회의 부의장,
대한국민의회 의장 등을 역임했
다. 세계 아나키즘 역사상 최초
의 아나키즘 이념 정당인 독립노
농당의 초대 당수를 지냈다.

다훈　　그렇다면 다른 이야기로
넘어가 보겠습니다. 조선의 대표적인 아나키스트로 불리는데, 아
나키스트가 되신 특별한 이유라도 있으신가요?

이회영　당시의 아나키즘은 사실 무정부주의가 아니었습니다. 무
정부라는 말은 아나키즘이라는 그리스 말을 일본 사람들이 악의
적으로 정부를 부정한다는 뜻으로 번역한 것이라오. 본래 '안an'
은 없다는 뜻이고 '아키archi'는 우두머리, 강제권, 전제권 등을 의
미하는 말로서 '아나키anarchi'는 이런 것들을 거부한다는 뜻입니
다. 그러므로 나는 강제적인 권력의 지배를 거부하는 아나키스트
이지 무정부주의자가 아니오. 이런 면에서 유림柳林*과 나는 그
뜻을 함께하는 동지라 할 수 있소. 조선의 독립을 실현하고자 했
던 나의 생각과 방법이 나를 아나키스트로 만들었다고 보는 게
더 정확할 것이오. 의식적으로 그러고자 한 것이 아니라오. 나의
생각들이 나를 아나키스트로 규정한 것이라고 보는 게 더 정확할
것이오.

다훈　　그래도 성리학의 영향을 받은 사대부 집안의 선비가 아

니십니까? 혹시 사회주의 혁명을 지지하셨던 건가요?

이회영   아시다시피 우리 집안은 성리학 중에서도 개혁적인 성향을 많이 띤 소론 집안입니다. 그러니 다양한 철학이나 사상에 열린 마음을 갖고 있었소. 1920년대 러시아혁명의 영향을 받지 않은 독립운동가는 거의 없을 것이외다. 사실 사회주의에 대해 잘 알지는 못했소. 하지만 볼셰비키가 차르의 절대왕정 체제를 무너뜨린 것처럼 사회주의를 통해 일제를 무너뜨릴 수 있을 거라는 막연한 생각에서 사회주의에 관심을 갖기 시작한 것이오. 하지만 내가 사회주의자가 될 수 없었던 이유는 따로 있소이다.

1921년 5월에 있었던 러시아혁명 기념대회에 참석한 조소앙趙素昂*이 베이징에 도착했을 때, 나는 즉시 그를 찾아가 이야기를 들었소. 하지만 그에게 전해들은 러시아의 현실은 노동자의 낙원이 아니라 모두가 평등하게 가난한 국가였지요. 모든 사람들에게 빈부의 차이가 없는 평등한 생활을 보장해 주는 이상은 실현될 수 있으나, 자유 없이 그저 세 끼 밥을 똑같이 나누어 주는 것은 교도소 생활과 무엇이 다를까 싶더이다. 혁명을 이끌었던 사람들이 다른 사람들을 지배하는 또 다른 계급

> **조소앙**
> 1919년 임시정부 수립에 참가했으며 김구, 이시영 등과 한국독립당을 조직했다. 1948년에는 단독정부 수립에 반대하며 김구, 김규식 등과 평양에 가서 남북협상에 참가했다. 1950년 제2대 국회의원에 최고득표로 당선되었으나, 한국전쟁 때 납북되었다.

아나키즘이란 무엇일까?

아나키즘은 모든 정치적인 조직이나 권력을 부정하는 이데올로기 또는 이를 전파하고 실현하려는 운동이다. 무정부주의라고도 불리지만 대부분의 아나키스트들은 아나키즘의 본질을 왜곡할 수 있다며 이런 표현을 사용하기 꺼려한다. 대신 '아나키즘' 또는 '자유연합주의'라는 용어를 선호한다. 아나키즘은 자본주의에 대한 반발에서 일어난 만큼 평등을 중요하게 본다. 평등과 자유를 모두 추구하기에 사회주의와 자본주의를 둘 다 반대한다. 19세기 후반에는 사회주의와 세력을 다툴 만큼 세계적으로 큰 지지를 얻었으나, 권력이 생길 수밖에 없는 '조직' 자체를 부정하는 성향으로 차츰 세력을 잃기도 했다. 하지만 자유와 평등을 외치는 움직임이 일어난 곳에서 아나키즘은 늘 다시 살아났다. 사회주의와 아나키즘의 결정적 차이는 사회주의가 자본주의 몰락 후의 계획경제를 대안으로 내세웠다면 아나키즘은 공동체 내의 자립, 자치, 자영 경제를 대안으로 내세웠다.

✛

젊은 아나키스트들

이 생겨나고, 모두가 불행한 생활을 이어가는 것이 혁명의 결과라면 사회주의를 따를 이유가 없다고 판단했소.

다훈　그렇다면 중앙정부를 부정하는 아나키즘을 기반으로 강력한 국가가 만들어질 수 있을까요?

이회영　앞서도 말했듯이 나는 무정부주의자가 아니오. 강제된 권력에서 벗어나고자 했던 사람일 뿐이지. 나는 가족들을 이끌고 만주로 가기 전 집안의 모든 노비를 풀어 주고 "이제부터 우리 모두는 독립군이다"라고 선포한 바 있소이다. 신분의 벽을 넘어 너와 나 모두가 조선의 독립을 바라는 한 사람의 독립군으로서 살아갈 것임을 분명히 한 것이오.

다훈　일부에서는 고종의 망명을 기획했다는 이유로 왕정복고주의자라고도 하는데, 여기에 대해서는 어떻게 생각하십니까?

이회영　1919년 3.1운동 직전까지 내가 고종을 앞세우려고 했던 이유는 조선의 독립을 세계적인 정치 문제로 이끌고 나가기 위한 하나의 방편이었소이다. 물러난 임금을 다시 왕위에 올리려던 것이 아니라 조선의 현재 상황을 세계에 알릴 계기를 만드는 것이자 흩어진 독립운동의 방향을 하나로 결집할 수 있는 방법이라 생각했기 때문에 고종의 망명을 기획했던 것이오.

다훈　그렇군요. 그렇다면 선생님께서 지난 22년 동안 독립운동에 헌신하던 중 가장 기억에 남는 순간은 언제일까요?

이회영　아무래도 1910년 12월 30일, 형님과 동생을 비롯한 가족 모두를 데리고 얼어붙은 압록강을 건너던 그날이 아닐까 하오. 모든 재산을 처분하고 조선을 떠난 그날을 어찌 잊을 수 있겠소이까. 조선의 독립을 위해 온 가족이 힘을 다할 것을 맹세하였기에 그날의 추위는 매서웠지만 우리의 가슴에는 뜨거운 불길이 타오르고 있었으니 말이오.

다훈　　부인이신 이은숙 여사님의 일기 《서간도시종기西間島始終記》에서 당시 상황을 엿볼 수 있었습니다. 독립운동가 아내의 삶이 어려웠을 것이라 막연하게 짐작하기만 했는데, 그 책을 통해 많은 것을 알 수 있었습니다.

이회영　　그런 이야기가 전해져 오고 있다니, 허허. 아무튼, 나는 해방된 조국을 위해 교육사업과 무장투쟁에 온 힘을 기울이기 시작했던 그날을 잊지 못한다오. 내가 만주로 가려 했던 이유도 그날의 마음이 지금도 살아있기 때문이라오.

다훈　　안타깝게도 만주에 도착하시기 전 다롄에서 붙잡히셨습니다. 지금의 이 상황을 누가 알고 있을까요?

이회영　　내 계획이 실패로 끝나고 내가 여기서 죽을지라도 내가 만주로 떠나려던 이유는 상하이에 있는 둘째 형 이석영과 내 큰아들 규창이가 알고 있소. 그러니 어떻게든 이 계획이 후대에 알려질 것이라 생각하오.

다훈　　그렇다면 다롄항에서 체포된 것이 누군가의 밀고에 의한 것이겠군요?

이회영의 든든한 협력자,
이은숙의
《서간도시종기》

우당 이회영 선생의 부인인 이은숙 여사 역시 나라를 빼앗긴 1910년부터 1945년 해방이 되던 해까지 만주로 망명해 독립운동을 이끌던 인물이다. 잠시 귀국했을 때에도 국내외의 독립운동가들 사이의 연결고리 역할을 했고, 독립운동 자금을 마련하는 데 최선을 다했다. 독립운동가의 가족들은, 특히 그중에서도 여성들은 독립운동의 뒷바라지는 물론 가족의 생활과 아이들의 교육까지 책임져야 했다. 또한 남성들이 독립운동을 위해 수년 또는 수십 년간 집을 비우는 동안 생계를 비롯한 집안일은 전부 여성의 몫이었다. 게다가 집안의 누군가가 체포라도 되면 그 옥바라지까지 고스란히 떠안아야만 했다. 대한민국 독립운동사에서 여성의 역할은 컸지만 이러한 여성들에 대한 보상이나 평가는 거의 이루어지지 않고 있다. 물론 일부 광복군이나 조선의용대 부녀대원으로 활약한 여성 독립운동가들도 있지만 우당 이회영 선생의 부인인 이은숙 여사처럼 독립운동가의 뒤에서 헌신적으로 봉사한 여성들 역시 당당히 여성 독립운동가로 인정되어 그들의 삶도 독립운동사의 일부로 역사의 재조명을 받아야 할 것이다. 그런 의미에서 이은숙의 《서간도시종기》는 단순히 한 사람이 매일의 감정을 적어 내려간 개인의 일기가 아니라, 그 시대 독립운동가들의 처절한 삶과 그 치열한 현장의 기록이다.

＋
《서간도시종기》

＋
이은숙 여사

이회영　그렇지 않고서야 내가 여기서 체포될 이유가 없소. 아마도 둘째 형에게 지원을 부탁할 때 그 자리에 있던 누군가가 아닐까 하오. 아마도 나와 가까운 사람들 중 하나겠지……. 그렇지 않고서야 중국인들과 한데 섞여서 은밀하게 움직이던 나를 일본 경찰들이 정확하게 짚어 내지는 못했을 거요.

다훈　사실 제가 이번 여행을 떠난 이유는 아직도 우리 민족이 남과 북으로 갈라져 있고, 남한 내부에서도 여러 가지 이유로 분열이 계속되는 까닭이 무엇인지 알고 싶어서이기도 합니다. 대체 이런 일들은 왜 생기는 걸까요?

이회영　그저 내가 생각하는 바는 이렇소이다. 의무 없는 특권만 누리고자 한 조선의 지배층들의 행동이 그대로 답습되고 있는 게 아닐까 하오. 사회에 대한 책임감이나 의무감 없이 특권을 누리던 습성을 버리지 못하는 것이지요. 자신의 이익이나 권력 유지에 걸림돌이 되는 세력을 없애기 위해 의도적으로 갈등을 만들어 권력을 강화해 왔던 게 아닐까 싶소.

　　　사실 고종 8년 대원군이 호포제를 실시하여 양반도 군포를 납부하도록 하기 전까지 양반에게는 병역의 의무조차 없었소. 특권은 있으나 의무는 없었던 조선 사대부의 가치관이 결국에는 일제에 나라를 팔아 버리는 파렴치한 결과까지 이끌어 내지 않았나 합니다. 조선이 멸망할 때 고위직에 있던 일부 왕족을 포함한 75명의 조선인들은 망국의 공을 세웠다는 이유로 일제로부터 후

작이나 백작 같은 작위는 물론 포상금도 받았으니까. 하지만 항일 독립운동 시기에 조국을 떠난 이들끼리 서로 생각과 방법이 다르다 하여 배척한다면 그것은 옳지 않다고 생각합니다. 상하이 임시정부의 갈등과 분열을 보면서 좌절했던 이유도 그것이오.

다훈　　그렇다면 대안이 있을까요?

이회영　내가 생각한 대안은 아나키즘이었소. 아나키스트들은 서로 하나가 되지 못하는 것을 안타까워하면서도 좌절하지 않고 차분하게 새로운 활로를 모색하는 사람들이라오. 신채호도 이런 활동을 이끌다가 지룽항基隆港, 기륭항에서 체포된 것이라오. 아마도 후대 사람들은 나를 조선의 명문가 출신 아나키스트라 부르지 않을까 하오.

다훈　　이제 슬슬 가 봐야 할 시간인 것 같습니다. 지금 가장 보고 싶은 사람을 꼽으라면 누가 있을까요?

이회영　상하이를 떠나올 때 아들인 규창이 배 위에서 배웅을 했는데, 아마도 내가 여기에서 잡힌 사실을 아직 모르고 있을 것입니다. 그리고 지금은 조선으로 돌아가 있는 집사람에게 상하이에서 마지막으로 "내가 가는 곳을 지금 알릴 수 없으나, 당분간 연락이 없어도 걱정하지 마시오"라고 전했는데, 내가 여기에서 잡혔다는 사실을 알면 걱정할 것이외다. 하지만 무엇보다 조선의 독립을 위해 애쓰는 수많은 동지들이 상실감에 빠질 것 같아 착잡하기 그지없구려.

이회영 선생 순국을 보도한 당시 기사

다훈 네……. 마지막으로 남기실 말이 있으신가요?

이회영 나는 그저 빼앗긴 내 나라를 되찾기 위해 해야 할 일을 했을 뿐이오. 명예를 높이려 생각하지도 않았고, 내 이름과 내가 한 일을 알리기보다는 나와 함께 조선의 독립을 위해 온몸을 바친 동지들의 뜻을 이 땅의 젊은이들이 이어나가는 것이 훨씬 더 중요하다고 생각할 뿐이오. 우리의 꿈인 진정한 해방, 통일된 조국을 만들어 주시길 바라오. 혹시라도 내 가족을 만날 일이 있다면 부디 안부를 전해 주시오. 훗날 나를 기억하는 젊은이들에게 나는 비록 이렇게 망명객으로 살다 죽지만 젊은이들은 자유롭고 평등한 세상에서 서로 도우며 평화롭게 살아가라고 전해 주기를 바랍니다.

어디선가 면회를 마칠 시간이라는 소리가 들린다. 정신을 차리고 보니 이회영 선생의 흔적은 찾아볼 수 없었다. 한 독립운동가의 일생을 모두 말하기엔 턱없이 짧은 인터뷰 시간이었다. 어둠이 내리기 시작한 다롄의 바닷바람에는 습기가 묻어났다.

다롄에서 이회영 선생이 체포된 지 얼마 지나지 않아 상하이에 있던 이규창은 서울에 있는 어머니로부터 전보 한 통을 받는다. "11월 17일 부친이 다롄 수상경찰서에서 사망" 이회영 선생의 아들 이규창이 자서전인 《운명의 여진》에서 아버지의 사망을 회고하며 "나의 부친은 참으로 불쌍한 분이다"라고 적은 대목이 떠올랐다.

그의 말대로 독립운동가였던 이회영의 삶은 고난과 불행의 연속이었지만, 이회영 스스로는 그렇게 생각하지 않았을 거라는 생각이 들었다. 이회영은 조선의 사대부 명문가의 자손으로서 이 사회를 위해 책임과 의무를 묵묵히 실천했던 사람, 오로지 신념을 위해 앞으로 나아갔던 사람으로 기억될 것이다.

예상하지 못한 해방
엄청난 혼란

당시 국제 정세에 관한 이회영의 판단은 틀리지 않았다. 일본은 이회영이 다롄항에서 체포되어 숨진 뒤 중일전쟁을 일으켰다. 중일전쟁이 발발하자 상하이의 독립운동 가들은 광복의 기회가 왔다고 환호하며 즉시 항일운동을 본격적으로 일으켰다. 대한민국 임시정부는 중국의 국민당 정부와 함께 난징과 충칭으로 옮겨 가면서 독립운동을 이어 나갔다. 김구의 한국광복군은 국민당과 힘을 합쳤고, 김원봉의 조선의용군은 한커우漢口, 한구에서 시작해 후난湖南, 호남과 장시江西, 강서 등의 지역에서 활약을 벌였다. 동북한일연합군은 백두산과 북간도를 중심으로 활약하면서 때로는 조선으로 활동 영역을 넓히는 등 치열한 항일 전투를 펼쳤다.

결국 1945년 8월 15일 대한민국은 해방을 맞았고, 김구를 비롯한 수많은 독립운동가들이 해방된 조국으로 돌아

✛
이회영 선생의
유품들

우당 이회영의 삶, '난잎으로 칼을 얻다'

2014년 11월 7일부터 2015년 3월 1일까지 덕수궁 중명전에서는 〈이회영과 6형제〉라는 제목의 전시회가 열렸다. 모든 형제가 합심하여 독립운동에 뛰어든 예는 세계사에서도 찾아보기 힘들다. 이 전시에서는 조선 최고 명문가의 6형제들이 나라의 주권을 뺏긴 이후 어떻게 살았는지에 대해 회고하며 사회 집권 계층이 가져야만 하는 책임 의식을 보여 준다. 또한 이 시대를 살아가는 사람들에게 '어떻게 살아야 할 것인가'에 대한 방향성을 보여 주었다. 이 전시회를 기획한 서해성 작가는 우당 이회영 선생의 삶을 '난잎으로 칼을 얻다'라는 한 마디 말로 표현했다. 이회영 선생은 만주 독립기지 건설을 위해 전 재산을 팔아 가족과 함께 압록강을 건넜다. 독립운동가들을 지원하기 위해 가져간 모든 재산을 써 버리자 먹을 갈아 난(蘭)을 그린다. 그렇게 그린 그림을 판 돈으로 그가 사야 했던 것은 독립군들에게 주기 위한 칼이었다. 그가 양반의 지위와 부를 포기하고 할 수 있는 마지막 힘까지 다해 그린 난잎의 의미를 오늘날 우리는 얼마나 기억하고 있을까. 그가 그린 난잎이야말로 대한민국 민족정신 그 자체다. 우리의 독립운동사가 끝나지 않는 한, 우당 이회영 선생의 붓 끝에서 탄생한 난잎은 영원히 시들지 않고 우리 곁에 남아 있을 것이다.

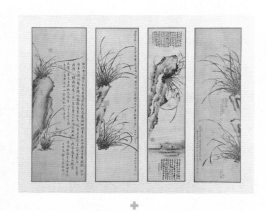

이회영이 그린 난

올 수 있었다. 그러나 이회영 선생의 일가족 중 해방된 조국으로 돌아온 사람은 동생인 이시영뿐이었다. 이회영의 형제들은 다섯째 이시영을 제외하고 모두 독립운동을 하다 굶어죽거나 감옥에서 목숨을 잃었으며, 가족들마저 행방불명되었다.

　　이회영이 다롄항에서 체포되지 않았더라면, 상하이에서 난징과 충칭으로 활동 영역을 넓히며 독립운동가들의 활동을 도왔더라면 어땠을까? 이회영은 갈등과 혼란으로 점철된 해방 후 3년 동안의 한국사에 또 다른 역할을 할 수 있지 않았을까? 어쩌면 해방 이후 좌익과 우익으로 갈라져 서로를 적대시하며 대립했던 조국의 모습을 보지 않고 돌아가신 것이 다행인 걸까?

가치 있게 산다는 것은
무엇일까?

이회영은 "인간으로 세상에 태어나 누구나 자기가 바라는 목적이 있다. 이 목적을 달성한다면 그보다 더한 행복은 없을 것이다. 그리고 그 목적을 달성하기 위해서 그 자리에서 죽는다 하더라도 이 또한 행복 아닌가. 남의 눈에는 불행일 수 있겠지만, 죽을 곳을 찾는 것은 옛날부터 행복으로 여겨 왔다. 같은 운동 선상의 동지로서 장래가 만 리 같은 귀중한 청년자제들이 죽음을 제 집에 돌

어엿한 도시의 면모를 갖춘 오늘날의 다롄

아가는 것으로 여겨 두려움 없이 몇 번이고 사선을 넘고 사지에 뛰어 드는데, 내 나이 이미 60을 넘어 70이 멀지 않았는가. 그런데 이대로 앉아 죽기를 기다린다면 청년 동지들에게 부담을 주는 방해물이 될 뿐이니 이것은 내가 가장 부끄러워하는 바요, 동지들에게 면목이 없는 일이다"라고 말한 바 있다. 이 말은 그가 만주로 가려 했던 이유를 분명히 보여 준다.

랴오둥 반도 다롄에서 망국의 한을 안은 채, 조국의 광복을 보지 못하고 죽은 이회영의 삶. 그는 마지막 순간까지 자신의 삶의 목표를 실천에 옮기려 노력했다. 편안함에 안주하지 않고 만주로 갔던 그의 결정이 지금을 살아가는 우리에게 던져 주는 메시지는 분명하다. 단 한 번 사는 이 인생에서 과연 가치 있는 삶이란 무엇인지, 우리는 그 삶에 대한 진지한 고민을 안고 살아가야한다는 것이다.

다롄항을 걷는 중국인들은 활기가 넘친다. 개혁 개방을 상징하는 도시 다롄에는 달라진 중국과 중국인의 모습이 곳곳에 배어 있다. 나는 바닷바람이 불어와 서늘해진 다롄의 시내 한 모퉁이에서 초라한 여행객이 부담 없이 먹을 수 있는 국수 한 그릇을 시켰다. 지금 다롄 시내는 온통 고급 식당이 가득하다. 이회영과 그의 형제들은 고급 식당에서 밥을 먹으며 권력과 명예를 누리는 넉넉한 삶을 살 수도 있었다. 하지만 그는 국수 한 그릇조차 제대로 먹지 못하는 빈곤한 삶을 선택했고, 한평생 독립운동에 헌신했다. 식당 탁자 위 국수 한 그릇에 목이 메었다. 100년 전 다롄항으로 돌아갈 수만 있다면, 온기 가득한 이 국수 한 그릇을 들고 이회영 선생을 찾아뵙고 싶다.

테러리스트를 보는 두 입장

어떤 한 사건을 바라볼 때 나의 입장과 남의 입장은 매우 다르다. 예를 들어, 이순신 장군을 볼 때 우리나라 사람들은 임진왜란을 승리로 이끈 영웅으로 생각하지만, 일본인들은 전쟁을 패하게 만든 원흉으로 생각할 것이다. 특히 사회적으로 지탄을 받는 테러리스트의 경우 좀 더 극명하게 그 성격을 드러내 보인다. 일반적으로 불특정 다수에 대한 테러나 암살은 지탄받는다. 그러나 폭력을 행사하지 않고서는 주장을 내세우거나 의지를 관철할 방법과 수단이 전혀 없을 때는 정당하다고 여겨진다. 이토 히로부미를 암살한 안중근의 경우, 한국인들에게는 민족의 영웅이지만 일본인들에게는 단순한 테러리스트일 뿐이다.

한편 독일의 수상 빌리 브란트는 과거 독일인들이 저질렀던 죄를 인정하고 사죄한다는 마음으로 유태인 학살 기념비 앞에서 무릎을 꿇었다. 영국인들은 영국의 식민 지배에서 벗어나기 위해 독립운동을 펼쳤던 간디의 동상을 영국에 세웠다. 이렇게 한 국가나 민족을 대표하여 자신들이 저지른 과거 행위에 대해 반성하는 것을 어떻게 받아들여야 할까?

지금도 여러 분쟁지역에서는 민족이라는 이름과 대의명분을 앞세워 수많은 테러들이 일어나고 있다. 복잡하게 얽혀 있는 동아시아의 정세 속에서, 대한민국에서 태어난 우리는 남한과 북한으로 갈라진 현실에서 '한민족'이라는 개념을 한번쯤 생각해 봐야 한다.

과연 민족이란 무엇이고 국가란 무엇일까?

나는 대한의군
참모중장
안응칠이다

안중근

탕! 타앙! 탕!

세 발의 총성이 울리는 순간, 하얼빈역은 혼돈에 휩싸인다. 1909년 10월 26일 울려 퍼진 이 총소리는 순식간에 일본 열도를 발칵 뒤집어 놓았다.

한 시간 전, 하얼빈역에 한 귀빈 전용 열차가 멈춰 섰다. 환영객들은 쌀쌀한 날씨에도 아랑곳하지 않고 모두 플랫폼에 모여 있다. 열차는 이미 멈췄지만 이 환영 인파의 주인공은 잠시 시가 한 대를 태우며 생각에 잠겼다. 백발이 성성한, 흰 수염의 노신사는 눈을 지그시 감았다. 시가를 한 모금 빨아당길 때마다 지나온 세월이 눈앞에 펼쳐지는 것 같다.

다롄에서 선양(瀋陽, 심양), 푸순(撫順, 무순)을 지나 하얼빈까지 오면서 창 밖에 펼쳐지는 광활한 대륙을 보았다. 이 땅이 모두 일본 제국의 영토다. 중국은 물론 러시아와의 세력 다툼에서 강대국을 제압한 그에게 거칠 것은 아무 것도 없었다. 일본 제국의 위대한 꿈이 이제 중국 대륙에서 펼쳐질 것이다. 동철철도(東淸鐵道)*가 일본에 속할 것이다. 도요토미 히데요시 이래 일본이 꿈꿔 온 중국 대륙 진출은 이제 시간문제다. 그는 자신이 평생 동안 좌우명으로 삼아 왔던 '동양공존공영의 길'이 계획대로 하나하나 실현되고 있음에 만족했다. 일찍부터 정치에 뛰어들어 외무대신을 거쳐 초대 조선통감으로 승승장구해 왔다. 이제 러시아 재무장관 코코프체프(Kokovsev, V.N.)와의 하얼빈 회담이 끝나면 일본에서 조선을 지나 중국과 러시아를 연결하는 영토가

✛
《도쿄 일일신문》에 실린 안중근 체포 장면

일본의 지배 아래에 놓일 것이다. 영국과 미국도 포츠머스 조약*에서 조선이 일본의 지배를 받는 것이 정당함을 인정했다. 메이지유신의 꿈이 아무런 탈 없이 진행됨에 그는 만족스러운 미소를 지었다.

코코프체프의 환영을 받은 그의 일행이 마침내 기차에서 내린다. 플랫폼의 시계는 아침 9시 22분을 가리키고 있다. 그의 일행은 환영객들 사이로 미소를 지으며 지나고 있다. 검은색 코트에 부드러운 실크를 두른 모자를 쓰고 지팡이를 가볍게 든 이 사람의 정체가 바로 네 번의 일본국 총리와 추밀원 의장을 지낸 이토 히로부미(伊藤博文)다.

환영객 속에 숨어 있던 청년의 눈이 빛난다. 황해도 해주 산속에서 호랑이를 사냥하며 연마한 사격 실력을 유감없이 발휘할 시간이 다가오고 있다. 목표물이 5미터 앞까지 다가왔다. 탕! 탕! 탕! 청년이 쏜 브라우닝 권총에서 불이 뿜어져 나온 순간, 세 발의 총알은 노인의 몸을 꿰뚫었다. 때는 9시 30분, 순간 노인의 눈이 자신에게 총을 쏜 청년을 향한다. 거목이 스러지듯 딱딱한 하얼빈역 플랫폼으로 노인의

동철철도
하얼빈철도의 옛 이름이다. 중국 동북지구(만주)의 동서와 남북을 연결하는 철도로 현재 중국의 장춘철로(長春鐵路)를 가리킨다. 19세기 말 러시아가 건설했다.

포츠머스 조약
1905년 8월 9일부터 미국 포츠머스에서 미국의 중재로 러일전쟁의 끝을 맺은 협상이다. 이 회담은 사실상 일본의 승리를 확인한 조약이었다.

몸이 힘없이 무너진다. 청년은 무작위로 세 발의 총알을 더 발사했다. 총알이 한 발 남았을 때 러시아 경찰들이 몰려왔고, 청년은 순순히 총을 버리고 체포되었다.

현장에서 체포되어 일본 경찰에 넘겨지는 순간 그는 우덕순, 유동하를 비롯한 동지들의 얼굴을 떠올렸다. 연해주의 크라스키노(Kraskino, 연추)에서 손가락 한 마디를 잘라 그 피로 태극기를 그리고 '대한독립(大韓獨立)'이라 적으며 맹세를 다졌던 동지들의 얼굴이 하나둘 스쳐지나간다. '아, 이제야 조선 침탈 원흉, 이토 히로부미의 가슴에 조선 민족의 한이 담긴 총알을 명중시켰구나' 모든 것을 내려놓은 듯한 이 30세 조선 청년은 해야 할 일을 끝마친 평화로운 얼굴이었다. 이 청년의 이름은 안중근. 아시아 평화를 염원한 그가 사형선고를 받은 후 5개월이 지난 1910년 8월 29일, 청년의 조국은 일본과의 치욕적인 강제 합병조약을 맺는다. 그 후 조선은 35년간의 기나긴 세월 동안 일본의 식민지가 된다.

비내리는 하얼빈역에서
장부의 뜻을 떠올리며

시원한 빗줄기가 쏟아지면서 저녁이 내려앉고 있다. 무단장시牡丹江市, 목단강시에서 하얼빈으로 향하는 차창 밖으로 지평선이 끝없이 펼쳐져 있어 만주의 진면목을 엿볼 수 있다. 이 벌판을 지나 어둠 속으로 미끄러져 들어가는 느낌이다. 하얼빈역에 도착하자마자 기차역 건너편에 있는 룽먼호텔에 짐을 풀었다. 안중근 의사가 이토 히로부미를 저격하기 전 11일 동안 건너편 여관에서 머물렀다는 이야기에 이 숙소를 선택했다. 초라하고 작은 방에서 인생을 건 결단을 내린 다음 그날을 기다리며 시 한 수를 읊었던 그를 떠올렸다.

장부가 세상에 처함이여, 그 뜻이 크도다丈夫處世兮 其志大矣

시대가 영웅을 만드는가, 영웅이 시대를 만드노니時造英雄兮 英雄造時

세상을 크게 바라보지만, 언제나 대업을 이룰 것인가雄視天下兮 何日成業

동풍은 점점 차가워지는데 장부의 의열은 뜨거워지나니東風漸寒兮 壯士義熱

분개하여 한번 시작한다면 반드시 목적을 이루겠노라憤慨一去兮 必成目的

1910년대 하얼빈역의 모습

현재 하얼빈역에 세워진 안중근 기념관

하얼빈역에 있는 안중근 기념관 안으로 들어가 11일 동안의 기록을 조용히 살펴본다. 벽에 쓰인 글귀 하나하나를 읽은 뒤 동상 앞에 서자 뤼순으로 가야겠다는 생각이 들었다. 안중근을 비롯한 많은 독립운동가들의 생명이 스러져 가던 그곳을 가야만 이 여행을 시작한 의미가 바로서지 않을까 싶다. 어쩌면 그들이 가장 하고 싶었던 이야기는 죽음을 앞둔 순간 가장 솔직하고 담담하게 나오지 않을까? 나는 서둘러 뤼순으로 발걸음을 재촉했다.

진정한 동양의
평화를 유지하는 법

다롄에서 버스로 두 시간 남짓 달리면 도착할 수 있는 뤼순은 중국과 러시아, 일본이 서로 치열하게 대립하던 도시다. 동북아지역의 극적인 변화가 곳곳에 남아 있기에 살아있는 역사박물관이라 할 수 있다. 특히 뤼순감옥은 우리에게 식민지 시절의 아픔이 서린 곳이다.

뤼순감옥을 둘러싼 붉은 벽은 높다. 면회 오는 사람의 얼굴을 볼 수 있게 만든 푸른색 작은 문틈이 너무나 초라해 보인다. 허리를 숙이지 않으면 볼 수 없을 정도의 틈 옆에 '방문자를 위한 문'이라 쓰여 있다. 이 작은 틈과 거대한 벽을 사이에 두고 많

뤼순감옥 외부 모습

안중근이 수감되었던 독방의 입구

은 중국의 항일운동가와 한국의 독립운동가들이 이 길을 걸었다. 그리고 그중 700명이 넘는 독립운동가들은 이 붉은 벽에 갇힌 채 다시는 세상을 보지 못하고 삶을 마감했다.

안개와 스모그가 뒤섞인 뿌연 하늘 아래 비마저 슬퍼지는 오후였다. 뤼순감옥 안으로 들어서니 회색 벽으로 만들어진 건물 옆으로 붉은 벽돌을 쌓아 증축한 또 다른 건물이 보인다. 회색 벽은 1902년에 러시아에서 세운 것이고, 붉은 벽은 1909년에 일본에서 증축한 부분이다. 뤼순감옥의 정확한 명칭은 뤼순일아감옥旅順日俄監獄, 즉 일본과 러시아 감옥이란 뜻이다. 러시아인들은 철도를 만들기 위해 **1898년부터** 이곳에 머무르면서 감옥을 지었다. 이후 러일전쟁에서 일본이 승리하여 다롄과 뤼순을 점령하면서 기존의 감옥을 증축했기에 일본과 아라사러시아를 합쳐 '일아감옥'이라 부른다. 안중근은 1909년 11월 4일 이토 히로부미를 저격한 죄로 뤼순감옥에 수감된다.

작은 문틈으로 들어가 한참을 걸으니 어머니인 조마리아 여사가 보낸 흰 수의를 옆에 포개 두고 조용히 앉아 있는 안중근의 모습이 보인다. 그가 수감된 독방 옆에는 간수가 지키고 있다. 그는 이 독방에서 자서전 격인《안응칠역사安應七歷史》,《안중근소회安重根所懷》,《동양평화론東洋平和論》을 비롯한 수많은 글을 남겼다. 시계를 보니 처형 시간이 한 시간 앞으로 다가와 있다. 나는 안중근의 마지막 면회자가 되었으나 무슨 말을 해야 할지 갈피를

의사를 키워낸
독립운동가 어머니,
조마리아

안중근의 어머니인 조마리아는 대한민국 여성 독립운동가로서 큰 역할을 한 사람이다. 아들인 안중근이 처형된 뒤 중국 상하이에서 당시 대한민국 임시정부 소속 사람들에게 여러 가지 도움을 준 것으로 알려져 있다. 안중근이 사형선고를 받자 조마리아는 수의 한 벌을 지어 편지와 함께 뤼순감옥으로 보낸다. 조마리아에게 안중근은 자신의 아들이지만 의로운 조선의 아들이기도 했다. 그녀는 안중근에게 항소를 포기하라며 다음과 같은 편지를 써서 보냈다.

"장한 아들 보아라. 네가 어미보다 먼저 죽는 것을 불효라고 생각한다면 이 어미는 웃음거리가 될 것이다. 너의 죽음은 한 사람 것이 아닌 조선인 전체의 공분을 짊어진 것이다. 네가 항소를 한다면 그건 일제에 목숨을 구걸하는 것이다. 나라를 위해 딴 맘 먹지 말고 죽으라. 대의를 위해 한 일이거든 죽는 것이 어미에 대한 효도다. 아마도 이 편지는 어미가 쓰는 마지막 편지가 될 것이다. 네 수의를 지어 보내니 이 옷을 입고 가거라. 어미는 현세에서 너와 재회길 기대하지 않으니 다음 세상에는 선량한 천부의 아들이 되어 이 세상에 나오너라."

안중근의 어머니인
조마리아

✛

조마리아 여사가 지어 보낸 수의를 입은 안중근

잡을 수 없었다. 무겁고 고요한 방 안의 공기에 숨이 막혀 왔지만 그의 얼굴을 가까이에서 보고 싶었다.

다훈   이제 마지막 순간이 다가오고 있네요.

안중근   와 줘서 고맙습니다. 며칠 전 어머니께 옷 한 벌을 받아 편지 한 통을 썼는데, 전할 방법이 없어 답답했답니다. 대신 전해

줄 사람을 만나서 다행입니다. 이제 더 이상 어머니께 문안인사를 못 드릴 것 같아 마음이 아플 뿐입니다.

다훈 네, 꼭 전해 드리겠습니다. 그리고 어머니께서는 선생님을 자랑스러워하고 계시니 마음 편히 가지세요. 일본인들에게는 그저 한 명의 사형수일지 모르겠지만, 대한민국 국민에게는 영원한 민족의 의사義士이십니다. 선생님을 뵙기 위해 이 길을 오면서 그동안 써 놓으신 몇 점의 글씨를 보았습니다.

> 이익 앞에서 의로움을 생각하고, 위험 앞에서 목숨을 던진다見利思義見危授命
> 사람이 멀리 내다보지 못하면 큰일을 이루기 어렵다人無遠慮難成大業
> 먼 곳도 가까운 곳에서, 높은 곳도 낮은 곳부터行遠自邇, 登高自卑

이처럼 대부분 유교 경전에서 보던 글이던데 특별히 유교 경전을 남기신 이유가 있는지요?

안중근 내 어릴 적 황해도 해주에 살 때 아버지께 논어를 배우며 자랐습니다. 아버지께서는 공자가 이상으로 삼은 군자의 길을 가야 한다고 늘 강조하셨지요. 공자가 활동하던 당시에 군자란 글을 읽은 무인을 의미하는 것이었습니다. 다른 사람이 위험에 처했을 때 몸을 던져 인仁을 실천하는 것, 내 몸을 희생하여 인과 의

안중근이 단지회 동지들과 함께 대한독립을 적은
태극기와 그에 관한 설명

義를 이루는 것, 살신성인을 실천하는 정신이 바로 군자의 길입니다. 내가 쓴 글 중에 유교 경전 구절이 많은 것은 아마도 어린 시절부터 유교 경전을 공부하며 몸에 밴 이런 생각들이 반영된 것이 아닐까 싶습니다.

다훈 선생님의 인품과 학식을 존중했기에 일본인 검사와 감옥의 간수들마저 글씨를 써 줄 것을 부탁했다고 생각합니다. 그런데 낙관 대신 찍은 손도장을 보니 네 번째 손가락이 잘려 있었습니다. 무슨 일이 있었던 것인지 궁금합니다.

안중근 내 이번 거사를 하기 7개월 전쯤, 그러니까 1909년 3월 초쯤이었던 걸로 기억합니다. 그때 나는 단지회斷指會*라는 비밀 결사를 조직했습니다. 러시아 땅 크라스키노에서 뜻을 함께한 동지들과 왼손 넷째 손가락 첫 마디를 잘라 흘린 피로 '대한독립'을 썼습니다. 조선 침략의 원흉으로 지목되던 이토 히로부미와 이완용에 대한 암살 계획도 이때 세운 것이죠. 3년 이내에 이를 성사시키겠다는 항일투쟁의 의지를 동지들과 피로 다짐했는데, 지키지 못할 시에는 자살하여 속죄하겠다는 뜻도 함께 맹세했습니다.

다훈 그런 사연이 있었군요. 선생님께서는 동지들과의 맹세를 살신성인의 자세로 지키셨습니다. 혹시 동지들에게 미처 전하지

안중근은 이토 히로부미를 저격한 후 체포되었을 때 자신 외에 단지동맹 가담자가 11명이 더 있다는 말만 하고 끝까지 동지들의 이름을 공개하지 않았다. 그래서 지금까지도 명확한 단지동맹의 명단이 확인된 바 없다.

왼손 네 번째 손가락 한 마디가 없는 안중근

안중근의 조력자였던 우덕순, 조도선, 류동하

못한 말이 있다면 지금 저에게 해주십시오.

안중근　생에 별로 미련을 가질 것이 없으나《동양평화론》을 완성하지 못한 것은 마음에 걸립니다. 시간이 없어 비록 완성하지 못했지만 핵심이 되는 내용을 대신 전해줄 수 있다면 그것으로 만족합니다. 내 육신은 사라지겠지만 평화라는 것은 아무리 세월이 흘러도 가치 있는 것이 아니겠습니까? 평화에 대한 나의 생각은 분명 시공을 초월한 의미가 있을 것이라 생각합니다.

다훈　선생님께서 생각하신《동양평화론》의 핵심은 무엇입니까?

안중근　먼저 일본이 뤼순을 중국에 돌려주고, 이 지역을 중립 지역으로 만들어 한중일 세 나라가 공동으로 관리하는 군항으로 만들자는 것입니다. 세 나라가 뤼순에 대표를 파견하여 동양평화회의를 개최한다면, 동북아시아에서도 평화적인 협력 체제가 만들어질 것이라 생각합니다. 각국에 동양평화회의의 지부를 두고 재정 확보를 위한 회비를 모금한다면 운영이 더욱 수월해질 것이라 생각합니다.

다훈　뤼순의 중립화 대신 통일된 대한민국이 아시아 중립 국가 또는 동북아시아의 균형자 역할을 하는 것이라고 이해해도 될까요? 믿기 힘드시겠지만, 제가 사는 21세기의 대한민국은 남과 북으로 분단된 상태에서 러시아와 중국, 일본, 미국 등 강대국 사이의 이권이 얽힌 갈등의 중심지로 자리하고 있습니다. 마치 지금의 뤼순처럼 말입니다.

안중근 대한민국이 분단되어 있다니 이게 무슨 말입니까? 어찌 같은 민족끼리 칼을 겨누고 갈등을 빚고 있단 말입니까! 주변의 나라들과 평화롭게 살 방도를 고민하기에도 모자란 시점에서……. 그렇다면 더더욱 한중일 3국의 평화회의가 중요합니다. 주변 국가끼리 공동의 평화를 구축하는 체제가 있어야만 전쟁의 위협이 생기더라도 벗어날 방법이 있을텐데, 이런 노력이 전혀 없다는 말입니까?

다훈 한반도 비핵화를 위한 6자회담이라는 이름 아래 분단된 남한과 북한, 일본, 중국, 미국, 러시아가 함께 모여 평화 유지를 위해 노력했지만, 좋은 결과를 얻지는 못했습니다.

안중근 만약 군사적 협력이 쉽지 않다면 경제적 협력을 먼저 생각해 볼 수 있지 않겠습니까?《동양평화론》에서 나는 일본의 지도 아래 조선의 상공업을 먼저 발전시키고, 원활한 금융거래를 위해 공동의 은행을 설립하고, 각국이 함께 쓰는 공용 화폐를 발행해야 한다고 말한 적이 있습니다. 이런 경제적 협력을 이룬 다음이라면 군사적 협력도 이루어지지 않겠습니까?

다훈 선생님이 생각하신 대로 동북아시아에서도 한중일 통합화폐에 대한 의견을 나누고 있기는 합니다. 공동 은행 설립이나 기술 개발 분야에서의 협력과 논의가 이루어지고 있습니다. 한국과 중국 사이의 FTA 협상이 체결되는 등 경제적으로는 밀접한 교류가 이루어지고 있으나 역사 분쟁과 영토 문제에 대해서만큼은 서로 대립하고 있습니다.

안중근 어느 한순간에 모든 분쟁이 해결될 리는 없습니다. 전쟁을 겪지 않은 젊은이들이 중심에 서서 아시아의 평화를 위해 노력해야 합니다. 나는 《동양평화론》에서 한중일의 청년들이 2개국 이상의 언어를 배우게 하여 우방 또는 형제의 관념을 높여야 한다고 주장했습니다. 다른 건 몰라도 이것만은 꼭 전해 주길 바랍니다. 남과 북이 서로에 대한 미움의 벽을 무너뜨리고 더 많은 교류를 해야 한다는 것을요. 통일된 한반도가 그 자체로 동북아시아 평화의 상징이 되고, 나아가 동북아시아의 평화를 수호하는 중립자의 역할을 할 수 있는 날이 하루라도 빨리 와야 합니다. 대한민국과 일본도 서로에 대한 미움을 넘어서 더 많은 교류를 해야 합니다. 서로에 대한 편견과 적대감이 사라지고 진정한 친구가 될 때, 그때가 되면 아시아 평화를 위한 한중일 3국 공동군단 창설도 꿈이 아닌 현실이 될 수 있을 것입니다.

다훈 3국 공동군단 창설은 동북아시아의 핵심 안보 체제가 되겠군요. 서로가 적이 아니라 평화를 위해 협력할 수 있다면 정말 좋겠네요!

간수의 발소리가 점점 가까워져 온다. 타박타박 소리 끝에 사형 집행 시간이 10여 분 남았음을 알린다. 안중근 의사의 낯빛 어디에도 죽음에 대한 두려움은 없었다. 복도 끝에 서서 두 명의

뤼순감옥 안 안중근 의사가 사용하던 책상(재현)

간수 손에 붙들려 가는 안중근 의사의 모습을 바라보는 내가 무력하게 느껴졌다. 울컥하고 치밀어 오르는 눈물을 꾹 눌러 가며 선생님의 뒷모습에 한 마디 건넬 수밖에 없었다.

다훈 선생님, 후손들에게 마지막으로 남길 말이 있으신가요?

안중근 내 죄는 어질고 약한 나라의 국민으로 태어난 것 하나뿐이오. 부디 어질고 강한 대한민국의 국민으로 살아가길 바랍니다. 동양의 평화가 이루어지고, 한일 양국의 국민이 과거의 기억을 공유하며 더 이상 억압과 폭력, 지배와 복종이 없는 평화의 날이 올 때 우리 다시 만납시다.

    조국의 서글픈 운명을 알아버린 듯한 눈빛이었지만 안중근의 뒷모습은 당당하고 거침없었다. 몇 가지 절차가 이루어진 다음 안중근의 목에 밧줄이 걸렸다. 잠시 후, 모든 것이 적막에 휩싸였다. 1910년 3월 26일, 외로운 조선 청년의 시신은 지하에 놓인 나무통 속에 담겨 뤼순감옥 담장 밖으로 옮겨졌다. "나의 목적은 한국의 독립과 동양 평화의 유지다. 이토 히로부미 살해는 개인적 원한이 아니다. 동양 평화를 위한 것이다"라고 외쳤던 조선의 한 청년은 그렇게 스러져 갔다. 홀로 남은 나는 이 쓸쓸한 감옥 어디에도 마음 둘 곳이 없었다.

    뤼순감옥의 위쪽 한편에는 1934년부터 일본이 다시 만든 교수형 장소가 있다. "이 길을 걸어 교수형장으로 올라갔다"라는 우리말 표지판이 보인다. 이 길을 걸어 올라간 수많은 중국, 몽골, 한국의 항일운동가들의 마음은 어땠을까? 사형장 한쪽에는 한 사람이 들어갈 수 있을 만큼 비좁은 대기소가 있다. 이곳에서 목숨을 잃은 수많은 사람들의 영혼이 여전히 여기 어딘가에서 나를 지켜보고 있는 것 같다.

    안중근의 마지막 숨결이 스민 사형장은 옛 사형장이다. 붉은 벽돌 건물에 '안중근 의사 취의지就義地' 팻말이 붙어 있다. 취의는 정의를 위한 죽음이란 뜻이다. 사형장 안으로 들어서니 한복판에 안중근의 영정이 놓인 의자가 있다. 나는 그 자리를 벗어나 뤼순감옥의 안중근 의사 기념관에 들어섰다. 안중근이 순국한 지 100년도 더 지난 지금, 사진 속 그의 얼굴에는 나라를 잃은 백성으로서 이 세상에서 해야 할 일을 모두 마친 사람의 성취감과 안도감이 느껴진다.

사람들은 안중근을 봄바람처럼 부드러운 테러리스트라 했다. 취조실에서 이토 히로부미의 15가지 죄목을 낱낱이 밝혀 많은 사람들을 놀라게 했던 그는, 한 사람의 희생으로 수많은 백성이 평화와 안녕을 유지할 수 있다는 공리주의로 무장하고 있었다. 안중근에게 이토 히로부미는 동양의 평화를 위해, 또한 일본 국민을 위해 희생되어야 했던 인물이었다. 뤼순감옥 전시장 한 벽면 전체에는 저우언라이周恩來, 주은래 총리의 말이 적혀 있다. 아마도 이 추운 겨울 뤼순감옥을 찾는 중국인들의 마음을 읽을 수 있는 대목이 아닐까 한다.

"청일전쟁 후 중한국민은 일본 제국주의 침략에 반대하여 항일투쟁을 했는데 이는 하얼빈에서 안중근이 이토를 저격한 항일에서부터 시작된 것이다."

이것은 이토 히로부미를 저격한 안중근의 행동이 단순히 개인적인 원한에서 비롯된 것이 아니며, 동북아시아 역사의 물줄기를 바꾸는 거대한 역사적 상징성을 지닌 사건이었음을 의미한다. 나는 뤼순에서 하얼빈으로 돌아가기 위해 다시 짐을 꾸렸다.

1909년 10월의 하얼빈, 그 거대한 역사의 전환점 앞에 선 안중근을 시간을 거슬러 꼭 다시 만나야 할 것 같았기 때문이다.

재판정에 울려 퍼진 당당한 목소리

하얼빈역에서 체포된 안중근이 심문을 받았던 일본 총영사관에서 다시 그를 만났다. 생사를 초월한 그의 눈빛에선 어떤 두려움도 보이지 않는다. 숨죽이며 다가간 심문실에서 나는 망설임이나 변명도 없는 단호한 그의 음성을 듣는다. 조사관이었던 미조구치와 취조실에서 만난 31살 청년 안중근이 말한다.

안중근 나는 황해도 해주 출신 포수 대한의군 참모장 안중근이다.
미조구치 대일본 제국의 중추원 원장이며 총리를 네 차례나 지낸 이토 히로부미 각하는 조선의 근대화를 이끌고, 동양의 평화를 이룩하려는 사람이다. 피고는 왜 그런 분을 죽였나?
안중근 나는 3년 전부터 이토 히로부미를 죽이려고 결심하고 있었다. 조선을 선진화하겠다는 일본을 처음에는 신뢰했으나, 점점 더 불행해지는 조국을 보며 생각을 바꿨다. 2천만 조선 동포들도 나와 같은 마음일 것이다.

이토 저격 시 사용한 권총과 같은 모델인 벨기에산 FN M1900

미조구치 피고는 이토 각하의 생명을 잃게 했는데, 피고의 생명은 어떻게 할 생각인가?

안중근 나는 내 몸에 대해 생각해 본 적이 없다. 이토를 살해한 후 나는 법정에 나가서 그의 죄악을 일일이 진술하고, 이후의 모든 것은 일본 측에 맡길 생각이었다. 나는 한 인간으로서 이토 히로부미를 죽인 것이 아니다. 대한의군 참모장의 신분으로 적장을 죽인 것 뿐이다. 적장에 대한 예우를 갖춰 심문하라. 나의 행동은 일본 문명 전체의 부도덕성에 대한 인류의 항변이다. 나는 이 자리에서 이토 히로부미의 15가지 죄목을 말하겠다.

1. 명성황후를 시해한 죄
2. 고종황제를 강제로 폐위한 죄

안중근이 이토 히로부미를 저격한 하얼빈역 플랫폼

하얼빈역에 도착한 기차에서 내리는 이토 히로부미(5번 인물)

3. 5조약과 7조약을 강제로 맺게 한 죄

4. 무고한 한국인들을 학살한 죄

5. 대한제국의 정권을 빼앗은 죄

6. 철도, 광산, 산림 등을 강제로 빼앗은 죄

7. 제일 은행권 지폐를 강제로 사용하게 한 죄

8. 대한제국의 군대를 해산시킨 죄

9. 한국인들 교육을 방해한 죄

10. 한국 유학생들의 유학을 방해한 죄

11. 국어, 역사 등 교과서를 모조리 불태워 버린 죄

12. 한국인이 일본인들의 보호를 받고 있다고 세계에 거짓말을 퍼트린 죄

13. 한국과 일본 사이에 쉬지 않고 싸움이 일어나는데 태평한 것처럼 천황에게 거짓 보고를 올린 죄

14. 동양의 평화를 깨트린 죄

15. 현 일본 천황메이지 천황의 아버지 태황제고메이 천황를 죽인 죄

미조구치 일본이 황실의 선언에 기초하여 보호 정책을 시행하고 있으므로 이에 따르지 않는 것은 국민이 황실에 불평을 호소하는 것이다. 이런 일을 해서는 안 되는 것이 아닌가?

안중근 황실에 대해 개인의 의견을 말하는 것은 상관없다고 생각한다. 정부에 대해 말하는 것은 국민의 당연한 권리다.

재판을 받는 안중근(앞줄 맨 오른쪽)

미조구치 이토 각하가 죽었다 해도 통감정치는 폐지되지 않을 것이다. 세계 열강국과의 약속이 있기 때문에 이를 파기하지 않는 이상 보호 협약은 결코 소멸하지 않을 것이다. 거기까지는 미처 생각하지 못했는가?

안중근 그 협약은 이토가 군사들을 앞세워 황제 폐하를 협박하여 강제로 승낙하게 한 것이다.

미조구치 만약 중국과 러시아에 대항할 힘도 없는 조선을 그대로 방치한다면 자연히 멸망할 수밖에 없다. 이는 곧 동양 평화에 해가 되는 것이므로 일본이 보호하고 있는 것이다. 피고는 이런 이치를 모른다고 생각하는데 어떻게 생각하는가?

안중근 이토의 방법이 나빴기 때문에 오늘날 이런 상태가 되었다. 만약 계략을 쓰거나 강제 협약을 하지 않았다면 동양은 지극히 평화로웠을 것이다.

미조구치 당신이 말하는 동양의 평화는 무엇인가?

안중근 지금 우리 동아시아는 서양 강대국의 탄압에 시달리고 있다. 머지않아 그들이 우리 동아시아를 점령할지도 모른다. 우리 한중일 세 나라는 힘을 합쳐서 싸워도 모자랄 판이다. 어찌하여 일본은 조선을 집어삼키려 하고, 중국은 서양의 강대국들에게 당하기만 하는지, 그저 안타까울 뿐이다. 서로 제 살길 찾기 바쁜 이 상황에서 동양으로 세력을 넓혀 오는 서양인들을 동양인들끼리 단결해서 최선을 다해 방어해도 모자라다. 이런데도 순리를 깨고 이웃 나라를 약탈하는 일본의 저의가 무엇인가? 동양의 평화는 아시아 모든 국가가 자주독립을 할 수 있는 상태를 말하는 것이다.

미조구치 이 중 한 나라라도 자주적으로 독립할 수 없다면 동양의 평화는 불가능하다는 것인가?

안중근 그렇다. 내 동양평화론과 이토 히로부미의 동양평화론은 다르다. 일본은 평화를 만드는 것이 아니라 동양의 평화를 해치는 방향이다.

미조구치 그렇다면 동양의 평화를 만드는 방법은 무엇인가?

안중근 나의 제안은 뤼순을 일본의 영토로 만들지 말라는 것이다. 뤼순을 조선, 중국과 함께 관리하고 동양평화회의 협의체를 여기에 두어 3국의 공동 평화 지역으로 만들어야 한다. 나는 같은 동양인으로서 일본을 믿었다. 그러나 나는 이토 히로부미의 야심을 간파했다. 조선은 얌전한 처녀다. 그런데 그 처녀를 일본은 잘 살게 해 준다는 구실을 붙여 강탈했다. 일본은 대륙 진출을 목적으로 조선을 강제로 침략했다. 일본은 조선을 발판으로 삼아 대륙을 정복하려는 것이다. 이것이 어찌 동양의 평화를 이루는 것이겠는가!

미조구치 마지막으로 유언이 있으면 하라.

안중근 내가 조선의 독립을 회복하고 동양의 평화를 유지하기 위해 3년 동안을 해외에서 풍찬노숙風餐露宿 하다가 마침내 그 목적을 달성하지 못하고 이곳에서 죽노니, 우리들 2천만 형제자매는 각각 스스로 분발하여 학문에 힘쓰고 실업을 진흥하여 나의 뜻을 이어 자유 독립을 회복하면 죽어도 여한이 없겠노라. 내가 죽은 뒤에 나의 뼈를 하얼빈 공원 곁에 묻어 두었다가 우리나라의 국권이 회복되거든 고국으로 보내다오. 나는 천국에 가서도 또한 마땅히 우리나라의 주권 회복을 위해 힘쓸 것이다.

안중근과 미조구치 조사관의 문답은 그렇게 끝났다. 안중근은 상고를 포기하는 대신 《동양평화론》을 완성할 수 있게 해줄 것을 조건으로 내세웠다. 목숨을 구걸하지 않았던 안중근을 바라보며 설명할 수 없는 먹먹함에 나는 쉽게 자리를 뜰 수 없었다. 생사를 초월한 인간에게 죽음은 더 이상 두려움의 대상이 아닐 것이나 그가 살았던 시대의 암울함은 남겨진 나에게 두려움과 공포로 다가왔다. 그와 같은 시대를 살았다면 나는 어떤 대한민국을 그렸을까? 어떤 모습으로 무슨 생각을 하며 살았을까? 안중근과 한 시대를 살았던 이들에게 안중근의 인생은 어쩌면 좌절과 실패의 삶이었을지 모른다. 그러나 긴 역사의 흐름과 시공간 속에서 그의 위대한 삶은 우리에게 강렬한 메시지를 전한다. 그리고 어떻게 살 것인가를 묻는 후손들에게 방향성과 길을 제시해 주고 있다.

안중근의 총성에서 시작된
항일의 역사

안중근의 총성은 일본이 태평양 전쟁을 통해 만들고자 했던 동아시아 질서에 "아니다!"를 외친 조선인의 소리였으며, 중국인의 항일 의지를 일깨운 세계적 사건이었다. 1910년 안중근이 사형 당한 그 장소에는 안중근, 신채호申采浩, 이회영, 최흥식崔興植, 유상근 이렇게 다섯 사람의 동상이 서 있다. 조선의열단朝鮮義烈團*의 강령인 〈조선혁명선언〉을 쓴 단재 신채호는 1928년에 체포되어 10년 형을 선고받고 복역하던 중 1936년 감옥에서 사망했다. 그는 이곳 뤼순감옥에서 《조선상고사朝鮮上古史》등 민족사관에 입

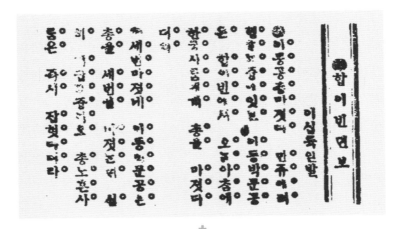

안중근의 거사를 알린 《대한매일신보》

이토 히로부미의 장례식

각한 역사를 서술했다. 이회영과 신채호는 김창숙과 함께 북경삼걸이라 불릴 정도로 친한 사이였다.

또 하나 이 뤼순감옥이 알려주는 사실은 안중근이 체포되었을 당시 이토 히로부미 저격을 함께 도모했던 조도선, 유동하, 우덕순 역시 함께 체포되어 수감되었다는 것이다. 최흥식과

조선의열단
김원봉을 단장으로 하는 아나키스트 성격의 무장독립운동단체. 1919년 11월 9일 설립됐다. 프랑스 조계지역(외국인 치외법권지역)인 중국 상하이에서 일본의 식민통치에 암살, 폭파 등 무력으로 대항했다.

한인애국단
일본의 주요 인물들을 암살하려는 목적으로 1931년 상하이에서 만들어진 항일운동단체다.

유상근의 동상은 안중근의 사형이 집행된 장소로 들어가는 문 가장 안쪽에 뒤를 바라보고 조각되어 있다. 이회영이 다롄에서 체포되던 1932년 김구가 이끄는 한인애국단韓人愛國團* 소속 최흥식과 유상근 역시 일본의 고위 관직자들을 암살하기 위해 다롄에 왔다가 계획이 탄로나 체포되었다. 하지만 최흥식과 유상근의 이름을 기억하는 이는 드물다. 죽음을 두려워하지 않고 조국을 위해 목숨을 바친 대한민국의 모든 독립운동가들의 마음은 모두 같을 것이다. 그들이 이루고자 한 조국 광복의 염원은 모두 같은 무게와 같은 의미를 지녔다.

안중근의 정신은 독립운동가들의 삶 속에 살아 있다. 봉오동과 청산리에서 독립운동가들은 일본군에 항쟁했고 승리를 거두

었다. 조선의용대朝鮮義勇隊와 동북항일연군東北抗日聯軍의 활동에 영향을 미쳤고, 그는 독립운동가들의 정신적 지주가 되었다. 또한 1921년부터 1930년대 초까지 거의 붕괴된 조선의 독립투쟁사에서 불꽃처럼 살신성인한 윤봉길, 이봉창, 강우규 등 독립운동의 역사를 이어가는 수많은 의사와 열사들의 모범이 되었다.

안중근의 거사 이후에도 대동아공영이라는 일본 중심의 동아시아 평화를 주장하는 제국주의는 꺾이지 않았다. 1931년에 일본은 만주를 지배하고 1937년에는 중국을 침략했다. 여기에서 그치지 않고 태평양 전쟁으로 확대되어 동남아시아 점령 및 진주만 폭격까지 이어졌다. 결국 일본의 제국주의는 2차 세계대전에서 패하면서 막을 내렸다. 그러나 지금까지도 군비 증강에 힘쓰며 '전쟁할 수 있는 나라'를 꿈꾸는 일본은 동아시아의 평화를 위협하고 있는 존재인 것만은 분명하다.

안중근이 제시한 평화 모델

안중근의 《동양평화론》은 사형 집행을 앞둔 절박한 상황에서 아무런 참고자료나 준비 없이 쓰인 것이다. 안중근의 《동양평화론》은 동아시아의 현재와 미래의 평화 공동체 모델을 제시했다.

일본의 천황을 옹호하고 이토 히로부미만을 비판하는 점에서 분명히 한계가 있긴 하지만, 서양 제국주의에 대해 한중일 세 나라가 공동으로 대응하자는 면에 주목해 볼 만 하다. 일본의 침략주의를 억제하는 틀로서 아시아 중심의 국가연합체제를 구상하고 있었던 것은 마치 1차 세계대전 이후 유럽에서 밖으로는 러시아의 위협에 공동으로 대응하면서 안으로는 독일의 팽창을 억제하려고 서유럽연합(Western European Union)을 추진했던 것과 비슷하다.

안중근은 당시 국제적 분쟁지인 뤼순을 중립 지역으로 삼아 한중일 공동 참여에 의한 동양평화회의 본부를 이곳에 두어 분쟁의 축을 협력의 축으로 바꾸는 모델로 삼고자 했다. 이런 점에서 안중근의 《동양평화론》은 현재 동아시아의 여러 분쟁지역 갈등을 해결할 방향성을 제시해 준다고 할 수 있다.

폭풍의 시대를
온몸으로
껴안다

김산

1920년 겨울, 압록강을 건너는 자그마한 체구의 한 소년이 있다. 강변에 배가 닿자 초라한 행색을 한 소년은 손에 든 보따리를 행여 놓칠까 가슴에 꼬옥 끌어안고 차디찬 강바람을 맞으며 바쁜 걸음을 재촉한다. 보따리 안에는 사전 세 권과 집에서 몰래 가지고 나온 여비 2백 원이 들어 있다. 가슴 깊이 보따리를 밀어 넣고 발걸음을 옮겼지만 어느 쪽으로 가야 할지 막막하다. 잠시 멈춰선 채 주변을 두리번거리는 눈빛은 해진 솜옷으로도 감춰지지 않는 반짝임이 있다. 대체 무엇이 이 어린 소년을 홀로 압록강을 건너도록 한 것일까? 소년은 무엇을 찾기 위해 험한 길을 떠난 것일까?

소년의 최종 목적지는 러시아다. 단둥(丹東, 단동)에서 하얼빈으로 간 다음 러시아로 출발하는 기차를 타야 하지만 아무리 기다려도 기차가 단둥역으로 올 기미가 보이지 않는다. 러시아의 볼셰비키 혁명은 성공했지만, 시베리아 동부는 여전히 혁명의 혼돈에 휩싸여 있기 때문이다. 그래서인지 생활에 필요한 기초 시설이 제대로 역할을 다하지 못하고 있는 것 같다. 온기 하나 없는 단둥의 기차역에 앉아 있던 소년이 잠시 생각에 잠긴다. 어떻게든 러시아로 가야 하건만 앞이 캄캄하다. 소년의 머릿속에 그 순간 떠오른 대안은 서간도였다. 서간도로 가자! 이회영, 이상용, 김대락 등 조선의 독립운동가들이 지난 10여 년 동안 3천여 명의 독립운동가를 배출한 신흥무관학교가 있는 그곳에 가면 무언가 답이 나올 것 같았다. 다른 교통수단이 없기 때문에 오로지 걸어가야만 하는 멀고도 험한 길이지만 소년은 걷기 시작했다.

뼛속까지 파고드는 추위를 헤치며 끝없이 펼쳐진 만주벌판을 걷고 또 걸었다. 700리 길을 걸어 인생의 행로를 바꾼 이 소년은 훗날 사회주의를 조국 독립의 방편으로 삼았던 이론가이자, 님 웨일스의 소

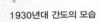
1930년대 간도의 모습

설 《아리랑》의 주인공이 되었다. 짧지만 강렬한 삶을 살다 간 비운의 조선 청년, 이 소년이 바로 김산(金山, 본명 장지락張志樂, 1905.3.10~1938.10.19)이다. 한 순간도 조국 독립의 염원을 잊지 않고 싸웠지만 중국공산당의 판단 착오로 억울하게 처형당한 김산의 인생, 그 인생의 새로운 출발지였던 압록강은 소년 김산의 빛나는 눈동자를 기억한 채 오늘도 유유히 흐른다.

소년 김산의 뒤를 쫓아
신흥무관학교로 가는 길

안중근의 이토 히로부미 저격이 있은 후 10여 년이 지난 1920년의 하얼빈에 어린 김산은 가지 못했다. 러시아로 가는 기차를 타려면 반드시 거쳐가야 했던 하얼빈. 만약 김산이 이곳 하얼빈역에서 러시아로 가는 기차를 무사히 탔다면 그의 인생은 어떻게 변했을까? 그는 내가 만난 안중근을 어떻게 기억하고 하얼빈을 마주했을까. 청소년이었던 김산이 그토록 간절히 가고 싶었던 하얼빈을 떠나 나는 그가 머무르던 신흥무관학교 옛터를 향해 발걸음을 재촉했다.

1905년 을사조약乙巳條約*으로 외교권을 빼앗긴 대한제국은 그로부터 2년 뒤, 군대도 보유할 수 없는 비참한 처지로 전락하고 만다. 이회영은 이 시기에 이상설, 이동녕과 함께 국외에 독립운동 근거지와 군대를 만들어 나라를 되찾으려는 계획을 세운다. 이때 이회영이 가족과 함께 만든 독립운동의 근거지가 바로 현재 중국 지린성吉林省, 길림성 류허현柳河縣, 유하현

을사조약

을사조약은 일본이 한국의 외교권을 박탈하기 위해 강제로 체결한 것이다. 정식 명칭은 한일협상조약이며 을사늑약(乙巳勒約)이라고도 한다. 이후 통감부가 설치되었고, 통감부는 외교뿐만 아니라 내정 면에서까지도 우리 정부에 직접 명령, 집행하게 하는 권한을 가지고 있었다.

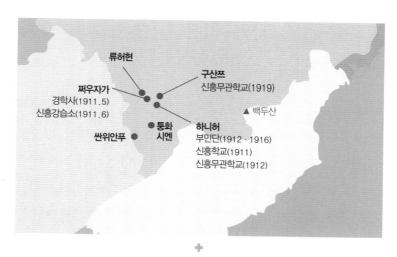

신흥무관학교가 있던 지역들

싼위안푸三源堡, 삼원보 쩌우자가鄒家街, 추가가에 있던 신흥무관학 교다. 그리고 설립 이듬해 외부의 침입과 보안에 취약했던 문제 를 해결하기 위해 인근 통화시엔通化县, 통화현 하니허哈泥河, 합니 하로 옮겼고, 전성기 때는 확장을 위해 구산쯔孤山子, 고산자로 옮 겼다고 한다. 당시 신흥무관학교가 있던 자리는 지금은 옥수수 밭으로 변해 있다. 또한 들판 뒤쪽으로 보이는 산에는 신흥무관 학교 훈련장이 있었다고 하는데 아무런 표지가 없어 정확한 지 점을 찾기는 어렵다.

사회주의 운동가로
스스로 성장하다

일제강점기에 청소년기를 보낸다는 것은 어떤 의미일까. 도대체 무엇이 이 추운 겨울, 이 작은 소년을 이곳으로 걸음하게 한 것일까. 황량한 옛터에는 그 무엇도 남아 있지 않아서 작은 표지판 하나 찾아볼 수가 없다. 신흥무관학교는 항일독립운동 기지의 건설을 위해 서간도 지역에 설립된 독립군 양성 학교로 한때 이곳은 대한민국 독립운동가의 요람이었다. 지금은 흔적도 없이 사라진 신흥무관학교의 옛터를 거닐다 나는 구석에서 모닥불을 피우고 있는 김산을 만났다.

다훈　　이 겨울, 만주 벌판을 걸어서 여기까지 오다니……. 손과 볼이 온통 다 얼었네요.

김산　　말도 마세요. 만주의 겨울은 조선의 겨울보다 더 매서워요. 그리고 신흥무관학교를 찾아오는 길에는 여인숙도 별로 없었어요. 간신히 찾은 여인숙은 너무 지저분하고 먹을 수 있는 음식을 찾기 힘들었어요. 간신히 국수와 빵으로 끼니를 때우긴 했죠. 콩나물시루처럼 비좁고 이가 득실대서 편히 쉴 수조차 없었어요.

다훈　　신흥무관학교 입학 과정은 수월하던가요? 나이가 너무 어려서 쉽지 않았을 것 같은데…….

김산　천신만고 끝에 류허현 싼위안푸에 도착한 다음 안동식安同植 장로 집에서 머물게 되었어요. 안 장로님의 딸 미삼은 저에게 무척 친절했어요. 검은 치마에 흰 저고리를 입고 성경책을 읽던 모습이 잊히지 않네요. 그런데 신흥무관학교는 통화시엔

독립신문
1896년 4월 7일에 한국에서 최초로 발간된 민간신문이자 한글, 영문판 신문이었다. 미국에서 귀국한 서재필이 중심이 되어 독립협회(獨立協會)의 기관지로 발간되었다.

하니허에 있어서 그리로 가야 했죠. 그런데 문제가 생겼어요. 제 나이가 너무 어려서 입학이 안 된 거죠. 18세부터 정식 과정에 입학할 수 있었거든요. 다행히 운 좋게 저는 3개월 단기반에 특별히 입학할 수 있게 되었어요.

다훈　3개월 단기반을 마치고 어디로 갔나요?

김산　당시 신흥무관학교에는 18세부터 30세까지 약 100여 명의 학생들이 있었는데, 모두들 공부와 일을 병행하며 군사훈련을 열심히 했어요. 저는 단기반을 마친 다음 싼위안푸로 돌아가 소학교 교사를 잠시 했지요. 상하이에 가야 했기 때문에 오래 머무를 수는 없었지만 즐거운 시간이었어요. 그해 12월 상하이로 가서 독립협회의 기관지인《독립신문獨立新聞》*의 교정원이자 인쇄공으로 일하기 시작했죠.

다훈　당시 상하이는 독립운동가들이 활발하게 활동하던 근거지였죠. 당시《독립신문》의 사장 겸 편집장이 이광수 님이었죠?

김산　네 저는 그곳에서 박은식朴殷植[*], 이동휘, 그리고 안창호安昌浩[*] 선생을 만났어요. 제 인생의 또 다른 전환점이 되었죠. 상하이에서 다양한 독립운동가 선생님들을 만나 새로운 사상을 접하면서 민족주의에 눈을 떴어요. 흥사단興士團[*]에 가입하고 인성학교仁成學校[*]에서 영어와 에스페란토어를 공부하면서 조선의 독립을 위한 애국 계몽의 꿈을 키웠죠.

다훈　에스페란토어요? 처음 듣는 언어인데, 그게 무엇인가요? 왜 배우려 했나요?

김산　쉽게 말해서 국가와 민족에 관계 없이 소통할 수 있는 언어가 에스페란토어라고 생각하면 됩니다. 서로 다른 언어 때문에 같은 나라 사람들끼리 싸우고 갈등하는 모습을 보며 자랐던 폴란드의 자멘호프가 개발한 언어예요. 그는 다른 언어를 사용한다고 차별하면 안 된다는 생각으로 만들었

박은식
학자이자 언론인, 교육자, 정치가로 대한민국 임시정부의 제2대 대통령을 지냈다.

안창호
계몽운동가이자 교육자로서 독립협회, 신민회, 흥사단 등에서 활발하게 독립운동활동을 했다.

흥사단
1913년 5월 13일 미국 샌프란시스코에서 안창호를 중심으로 8도 대표를 발기인으로 하여 창립했다. 흥사단(興士團)이라는 명칭은 1907년 유길준이 설립한 '흥사단'을 이어받은 것이다.

인성학교
1917년 상하이에 설립되었던 초등 과정의 학교로 상하이에 거주한 한국인 자제의 초등교육을 전담하던 교육기관이었다. 한국어와 한국 역사를 주로 가르치며 민족혼을 불어넣어주려 했다.

다고 해요. 1917년 러시아혁명 이후 전 세계 사회주의자들이 소통할 수 있는 언어로 떠오르면서 많은 사람들이 사용하기 시작했죠. 저 역시 모든 사람이 평등하고 평화로운 언어생활을 하게 된다는 것에 매력을 느껴 에스페란토어를 공부하기 시작했어요. 국가와 민족을 뛰어넘는 언어라는 이유에서 아나키스트들이 즐겨 쓰고 배우는 언어였지만, 정치적인 이유로 많은 탄압을 받기도 한 언어가 바로 에스페란토어에요.

다훈　　우리나라에서도 에스페란토어를 배척했던 건가요?

김산　　그럼요. 저뿐만 아니라 박헌영, 신채호, 홍명희, 김억, 안우생 등 수많은 조선의 지식인들이 일제의 식민지 정책에 대항하는 수단으로 에스페란토어를 썼기 때문에 체포되었죠. 재미있게도 지식인들이 갇힌 조선의 모든 형무소가 에스페란토어 학교가 되어 버려, 그 이후 에스페란토어는 더더욱 널리 퍼져 나가게 되었죠.

다훈　　에스페란토어와 아나키즘은 떼려야 뗄 수 없는 관계에 있군요.

김산　　저는 아나키스트가 되었지만, 그 전에 안창호 선생님을 만나면서 개화사상이나 계몽주의의 영향도 받았고, 러시아의 사회주의 혁명을 겪으면서 사회주의에도 관심을 가지게 되었죠. 당시 대부분의 지식인들은 조국의 독립을 이루고, 더 나은 세상을 만들기 위해 고민하고 또 고민했어요. 정말 다양한 방식의 개념들이 등장했죠. 개화론, 자강론, 민족주의, 사회주의, 아나키즘 등 수많은 개념들이 등장하고 서로 영향을 받으며 발전했던 시기라고 봐요. 설사 서로 대립되는 생각을 가진 사람들끼리도 무작정 거부하거나 외면하지 않았어요. 만약 내 생각과 다르다는 이유로 그 개념 자체를 부정하기 시작하면 제대로 이해하지도 못하고 반쪽짜리 개념만 알 수밖에 없지 않겠어요? 예를 들어, 1910년대는 일제강점기 초기라서 우리가 하나의 민족이기 때문에 똘똘 뭉쳐야 한다는 민족주의가 강세를 이루던 시기였어요. 그 안에서 서로 실력을 먼저 키워서 독립을 할 것이냐, 독립을 먼저 한 다음에 실력을 키워 나갈 것이냐로 대립했지만 독립에 관해서만큼은 모두가 한마음 한뜻이었다는 게 중요한 것이죠.

다훈   민족주의자로서, 아나키스트로서 활동하다가 사회주의자가 된 데는 어떤 계기가 있었나요?

김산   1917년 러시아혁명과 1919년 3.1운동을 겪으면서 열강 세력들의 싸움에 지친 사람들은 점차 사회를 바꾸는 생각에 매력을 느끼기 시작했어요. 저 역시 민중의 힘과 민중의 해방을 중시했던 사회주의에 주목하기 시작했죠. 그런데 이 시점에서 민족주의와 사회주의는 서로 다른 길을 걸어가기 시작하죠. 모두 일제로부터 독립을 해야 한다는 것에는 뜻을 같이하지만, 해방된 조국에서 꿈꾸는 미래 사회는 달랐거든요. 민족주의자들은 자본주의 사회를 지향했지만 사회주의자들은 그렇지 않았기 때문이죠.

다훈 사회주의에서 민족과 국가를 뛰어넘어 모두가 평등한 사회를 꿈꾸었던 것은 아나키즘과 비슷해 보이는데, 둘 사이의 차이점을 설명해 주시겠어요?

김산 아나키즘과 사회주의가 결정적으로 다른 지점은 국가나 정부의 존재를 인정하는지 아닌지에 따라 달라진다고 보면 됩니다. 아나키즘의 입장에서는 사회주의 혁명으로 세워진 국가라고 해도 반드시 지배 계층과 피지배 계층으로 나뉘기 때문에 국가나 정부를 인정하지 않아야 한다고 보았어요. 아나키스트들은 혁명을 위한 조직과 제도가 만들어지

는 순간 민중은 또다시 국가의 노예가 된다고 보았거든요. 그래서 가장 먼저 민중들이 직접적으로 행동해야 한다고 생각했어요.

다훈 직접적으로 행동한다는 것은 일제를 향한 암살이나 테러 같은 행동을 말하는 건가요? 1921년에 아나키스트인 오성륜吳成崙*, 김원봉金元鳳*, 유자명柳子明*을 만나고 의열단에 가입한 걸로

알고 있는데, 의열단도 바로 이런 직접 행동을 실행하려 했던 단체라고 생각해도 될까요?

김산　맞아요. 그 시기 나는 민족주의 사상과 계몽주의 사상, 톨스토이의 박애주의와 러시아의 아나키스트 크로포트킨의 아나키즘까지 비교적 폭넓게 공부했어요. 의열단 가입도 이 시기 아나키즘에 푹 빠져들어서 자발적으로 한 것이고요. 그러다 몇 년 후 다시 의학 공부를 위해 베이징협화의학원에 오면서 나는 공산주의 청년단에 가입하게 되었고, 자연스럽게 마르크스의《공산당선언Communist Manifesto》, 레닌의《국가와 혁명The State and Revolution》등의 서적을 접하게 되었습니다. 1922년과 1923년은 중국에서 공산당이 창당된 직후인데, 이후 저의 삶은 공산주의 혁명과 조선의 독립이라는 두 가지 소명을 이루기 위해 살았던 시간이었어요. 물론, 그 시간이 쉽지 않았지만요.

다훈　이 시기 구체적으로 어떤 활동을 펼쳤는지 알려 줄 수 있나요?

김산　1923년 겨울, 공산주의 청년단에 가입한 다음 김성숙金星淑*씨를 만났어요. 함께 창일당을 조직하면서《독립신문》에서 일한 경험을 되살려 기관지인《혁명革命》을 발간하기도 했죠. 1925년 겨울은 중국의 국민

김성숙
19세 때 용문사에서 출가해 3.1운동에 참여했으며, 25세 때 스님 신분으로 베이징에 유학한 뒤 중국 각지를 돌며 본격적인 항일투쟁을 전개했다. 해방 이후 이승만 정권과 5.16 군사정권에 반대하는 혁신정당의 지도자로 활동했다.

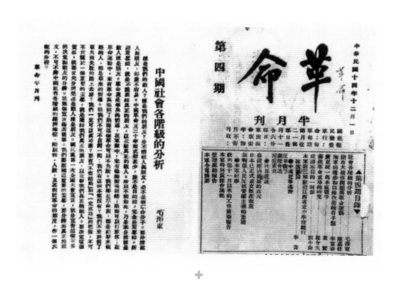

김산이 발간했던 기관지 《혁명》

당과 공산당이 서로 힘을 합쳐 일제에 대항하며 나라를 바로 세우겠다고 하던 시기였어요. 저는 당시 공산당원이었지만 국민당에 가입하라는 명령을 받고 국민당에 입당하게 되었죠. 아마

장제스
정치가, 군사지도자이자 중화민국의 제3대 총통이었다. 국공내전에서 패한 후 타이완으로 정부를 옮겨 타이완을 지배했다.

도 이때가 제 운명이 다시 한 번 바뀐 시점이 아닌가 해요. 1927년 상하이에서 국민당의 쿠데타가 일어나면서 장제스蔣介石, 장개석*가 공산당원들을 토벌하기 시작했거든요. 공산당원들은 엄청난 배신감을 느꼈죠. 저 역시 국민당원이긴 했지만 공산당원 출신이었기 때문에 충격에 빠질 수밖에 없었어요.

다훈 상하이 쿠데타 이후 생각의 변화가 생겼나요?

김산 1927년 난창봉기南昌起義[*]에 참여한 이후 저는 중국공산당 베이징시위원회의 조직부장으로 임명된 뒤 단둥으로 가서 비밀공작 활동을 펼치다가 1930년 초에 다시 베이징으로 돌아왔어요. 중국공산당의 편에 서는 것이 조국의 독립을 앞당기는 길이라고 생각했거든요.

단둥을 비롯한 만주 지역에서는 주로 조선공산당원들을 중국공산당에 합류시킨 다음 장차 무장독립운동을 펼칠 수 있도록 결속시키는 일을 했어요. 그해 가을 한위건韓偉健[*]이 중국공산당에 입당하고자 했으나 제가 반대했어요. 한위건처럼 유명한 사람이 일본 경찰의 단속을 피해 중국으로 망명했다는 걸 믿을 수 없었어요. 게다가 조선에서 공산당이 거의 사라지다시피 한 데는 한위건의 책임이 크다고 생각했거든요. 어쩌면 이때부터 한 형과 저의 악연이 시작되었는지도 모르겠네요.

다훈 1930년에 큰 위기를 겪은 것으로 알고 있어요. 대체 무슨 일이 일어났던 건가요?

김산　　그런 기록도 남아 있나요? 11월 20일에 베이징에 있던 서성구역공대 근처에 있던 공동주택에 갔다가 정부 공안에 체포되었어요. 당시에는 중국에서 사회주의자로 판명나면 사형을 당했는데, 저는 조선인이었던지라 다음 해 1월 일본대사관으로 옮겨졌다가 톈진에 있는 일본 총영사관으로 가게 되었죠. 신의주 경찰서에서 40일 동안 고문을 받았던 적이 있어요. 정확한 기억은 나지 않지만 여섯 차례 정도 물고문을 받은 다음 폐결핵에 걸려 건강이 많이 안 좋아졌어요. 그래도 조직의 비밀을 말하지 않고 끝까지 버텼어요. 4월에 다행히 증거불충분으로 풀려난 다음 잠시 고향집에서 건강을 챙긴 다음 중국으로 건너갔어요. 하지만……

다훈　　다들 좋지 않은 시선으로 바라보았다고 들었어요.

김산　　네. 동지들의 시선이 싸늘했죠. 너무 쉽게 무죄로 풀려난 것이 수상하다는 이유였죠. 일본 경찰의 스파이라 풀려났다고 의심받는 것까지는 제가 어떻게 할 수 있는 부분이 아니었어요. 제가 아무리 아니라고 말해도 믿어 주는 사람이 없었거든요. 하지만 저는 단 한 번도 동지들을 배신한 적이 없어요. 베이징으로 돌아왔을 때는 이미 변절 혐의로 공산당에서 제명되었더군요. 리리싼주의자*로 몰리기도 했거든요. 공개적으로 복당 신청을 했지만 거부당했어요. 어쩌면 한위건의 계략이 성공한 것일 수도 있죠.

일본 총영사관 구금 당시 27세의 김산

김산의 옥중 자술서

제가 목숨을 바쳐 지켜왔고, 제 삶 그 자체였던 사회주의에 대한 진정성을 의심받는 것을 견딜 수 없었어요. 그것도 같은 조선인 혁명가들이 저를 오해하고 있다는 것을 믿을 수 없었죠. 게다가 오랜 감옥 생활과 고문으로 몸과 마음이 크게 다친 상태였거든요. 사실 한위건을 찾아가 죽이

● 리리싼(李立三, 이립삼)은 장제스의 대대적인 토벌이 시작되자 이에 저항하여 난창 봉기를 기획하면서 중국공산당의 지도자로 떠올랐다. 이후 5.30 도시 폭동을 시도했으나 실패하고 많은 당원들을 죽음에 이르게 하면서 당을 위기에 빠뜨렸다.

려고도 했지만 그럴 수 없었어요. 집으로 돌아오는 길, 허탈한 마음을 어떻게 할 수 없더군요. 살고 싶지 않았어요. 아무도 일자리를 주지 않았기 때문에 살 수도 없었죠. 그저 아무 것도 먹지도 마시지도 않고 가만히 있었는데 하숙집 주인장이 누군가가 두고 간 돈으로 저를 살려 냈죠. 주인장이야 단순히 집에서 시체를 치우기 싫다는 생각에 그런 호의를 베풀었을지도 모르지만, 이때 또한 번 아리랑 고개를 넘어갔구나 생각했어요. 제 생각인데 그 돈을 주고 간 사람은 아마도 한위건이 아닐까 해요. 이때 죽을 고비를 넘기면서 큰 깨달음 하나를 얻었어요. 인간은 불완전한 존재이고 언제든 오류를 저지를 수 있는 존재이며, 그러므로 자신도 언제든 실수할 수 있다는 것을 알아야 한다는 것이죠.

다훈　당에서 인정받지 못했지만 계속해서 사회주의자로 활동했다면서요?

김산　1932년부터는 당 중앙에서 활동하는 대신 대중운동을 해야겠다고 마음먹었어요. 바오딩으로 가서 교사로 일하며 학생들에게 사회주의를 가르치고, 그 지역의 농민들 사이에서 활동하며 사회주의 노조 조직을 도왔죠. 정치적 세력 다툼에서 멀리 떨어져 대중운동에 전념하던 시간이 저에게는 휴식시간이었어요. 그런데 1933년 다시 국민당의 비밀경찰인 남의사 단원들에게 체포되었어요. 공개적으로 공산당이 아닌 국민당원이 되겠다고 선언하면 풀어주겠다고 했지만 끝까지 버텼어요. 또다시 중국에서 일본대사관을 거쳐 조선까지 끌려가 고문을 당했지만 마찬가지로 증거 불충분으로 석방됐죠. 기적이라고 할 수 있죠. 다시 중국으로 건너갔는데 건강이 계속 나빠졌어요. 이때 제자였던 조아평의 도움으로 간신히 살아났어요. 그런 인연 덕분에 조아평과 결혼도 했죠. 1935년에는 다시 상하이로 가서 살아남은 모든 조선인 혁명가들을 모아 조선민족해방동맹을 설립했어요. 이 조직은 사회주의자든 아나키스트든 민족주의자든 관계없이 누구나 함께할 수 있는 조직이었죠. 1936년 8월에 바로 이 조선민족해방동맹과 조선공산당에 의해 대표로 선출되어 옌안延安, 연안으로 가게 되었어요.

다훈　님 웨일스Nym Wales, Helen

님 웨일스
남편과 함께 중국 지역의 수수께끼를 최초로 서양 세계에 알린 사람으로 본명은 헬렌 포스터 스노우다. 김산의 전기《아리랑》으로 일본 식민지배와 조선의 독립운동을 알리는 데 큰 영향을 준 미국의 저널리스트다.

조선의 두 사회주의 계파, 한인사회당과 이르쿠츠크파

조선의 사회주의 운동은 레닌혁명 이후 시베리아에서 시작됐다. 1918년 6월 26일 하바롭스크에서 한인사회당이 조직되었고, 1919년 1월 22일 이르쿠츠크에서 당시 러시아 볼셰비키당의 한인지부가 조직되었다.

한인사회당을 세운 것은 이동휘였고 이르쿠츠크파를 조직한 것은 김철훈이었다. 전자가 상하이파 고려공산당, 후자가 이르쿠츠크파 고려공산당이다.

이르쿠츠크파 고려공산당은 일본 제국주의의 식민 통치 체제에서 조선을 해방시킴과 동시에 사회주의에 입각한 사회를 건설할 것을 제시했다. 즉 사회주의 혁명론을 지지하고 사회주의자들을 모았다. 반면 상하이파 고려공산당도 사회주의 사회의 건설을 궁극적 목표로 설정했다. 그러나 이르쿠츠크파와 달리 사회주의 혁명보다 먼저 민족해방 혁명을 완성해야 한다는 입장이었다.

상하이파 고려공산당과 이르쿠츠크파 고려공산당은 서로 유일한 정통 공산당이라고 주장하면서 경쟁하고 다퉜다. 상하이파에서는 중국 및 일본 사회주의자들과의 제휴, 국내공작, 민족무장단 지원 등을 통해 세력을 확대해 나갔다. 반면 이르쿠츠크파에서는 상하이 지부 설치, 상하이 고려공청 조직, 러시아 안의 한인군사조직 장악 및 러시아 안의 한인 볼셰비키화 공작 등을 통해 세력을 확대해 나갔다.

두 조직은 러시아 안의 한인 군사조직을 둘러싸고 쟁탈전에 들어갔다. 1921년 6월 28일 수라솁흐카에서 상하이파의 지원을 받던 사할린 의용대가 볼셰비키파에 가담한 이르쿠츠크파에 대항하다가 볼셰비키군 제29연대의 포위공격을 받아 144명의 전사자 및 행방불명자를 내고 생존자 864명이 전원 붙잡히는 참사가 발생했다. 이를 '자유시참변'이라고 한다. 같은 민족끼리 같은 이념을 가지고도 그 방법의 차이 때문에 서로에게 총부리를 겨눈, 끔찍하게 비극적인 사건이다.

Foster Snow[*]의《아리랑The Song of Arirang》을 통해 김산 씨의 존재가 세상에 알려진 걸 혹시 아시나요?

김산　1937년 6월 18일이었을 거예요. 당시 공산당 지휘부가 있던 산시성陝西省,섬서성 옌안에서 파란 눈의 이방인 여성을 만난 기억이 있어요. 그때는 헬렌 포스터 스노우라는 이름으로 인사를 했는데, 님 웨일스라는 이름도 있었군요? 당시 저는 공산당원들과 토굴집에 숨어 지내면서 옌안 항일군정대학에서 일본 경제사와 물리, 화학을 강의하고 있었는데, 취재를 위해 열악한 이곳까지 찾아오는 모습을 보고 깜짝 놀랐어요.

다훈　당시 옌안에는 수많은 중국 혁명가들과 조선 혁명가들이 있었을 텐데, 김산 씨와 인연이 닿은 특별한 이유라도 있을까요?

김산　제가 옌안 도서관에서 영어로 된 책을 가장 많이 빌린 사람이었다고 해요. 그분 말씀으로는 영어 책을 가장 많이 빌린 사람과 인터뷰를 하기로 결심했는데, 그게 바로 저였다는 거죠.

다훈　그야말로 운명이었던 것 같네요. 그러면 두 분은 영어로 대화를 주고받으신 건가요?

김산　아니요. 저는 주로 말이 아닌 글로 영어를 배웠기 때문에 한계가 있었어요. 말을 알아듣는 것도 쉽지 않았는데 말을 하는 것은 더 어려웠지요. 주로 글을 써서 주고받으며 인터뷰를 했는데 정말 쉽지 않았어요. 하지만 서로 눈빛을 통해 이해하고 공감할 수 있었던 것 같아요. 처음 만난 이후 두 달 동안 22번이나 만

현재 옌안에 남아 있는 토굴집들

님 웨일스

1941년 출간된 《아리랑》의 표지

나면서 조선인의 민요 〈아리랑〉으로
상징되는 조선, 그리고 조선 사람들
의 이야기를 많이 했어요. 길지 않은
인생을 사는 동안 조선이 마주한 고
난과 슬픔의 고비가 모두 아리랑 고
개를 넘어가는 것 같다는 생각이 들

러일전쟁
1904년 2월 8일에 발발하여
1905년 가을까지 계속된 일
본과 러시아 간의 전쟁으로
만주와 한반도에서 주도권
을 쟁취하려는 무력 충돌이
었다.

었거든요. 제가 태어나던 해 조선은 러일전쟁*의 한복판에 있었
고, 1907년에는 일본의 보호 아래 놓이게 되었죠. 당시 조선의 군
대는 해체되어서 어쩔 수 없이 국경 밖으로 퇴각했고, 1910년에
는 일본의 식민지로 전락해 버렸죠. 수많은 사람들이 압록강을
건너 만주나 시베리아, 중국으로 건너갈 수밖에 없었어요. 멀쩡히
조국이 있음에도 불구하고 유랑민족처럼 떠돌이 생활을 하게 된
조선을 생각하면 자연히 〈아리랑〉이 떠오르게 되었거든요. 그 다
음으로 한 이야기는 주로 제가 어떻게 사회주의 혁명을 지지하고
선택하게 되었는지에 관한 이야기였어요.

다훈 혹시 생을 마감하기 직전의 상황이 어떻게 흘러갔는지
알고 계신가요?

김산 마지막까지 저는 일본군과 싸우고 싶었어요. 당의 중앙
본부에 전쟁터로 보내달라고 했던 청원이 1938년에야 받아들여
졌죠. 그런데 그해 4월 마오쩌둥毛澤東, 모택동의 라이벌이었던 장
궈타오張國燾, 장국도가 옌안을 탈출해 국민당으로 전향했던 사건

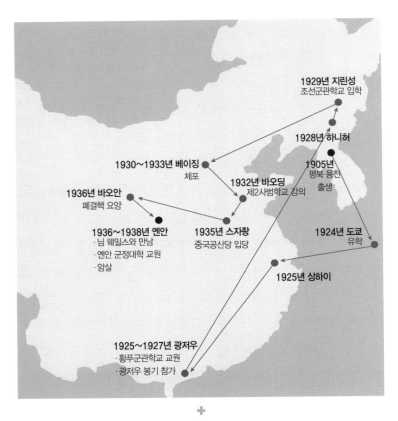

김산이 활동하던 지역과 이동 경로

이 있었어요. 저는 모르고 있었는데, 공산당 내에서 대대적인 숙청을 벌일 예정이었다고 해요. 10월에 저는 전선으로 가라는 명령을 받았고, 일본군과 맞서 싸우기도 전에 암살을 당하고 말았죠. 당의 중앙조직부장이었던 캉성康生, 강생이 비밀리에 저를 없애라는 명령서에 서명을 했다고 해요. 당시 제 나이가 34세였어요.

그는 한동안 말을 잇지 못했다. 소년의 얼굴로 마주하던 그의 모습은 어느새 눈빛이 깊은 청년으로 변해 있었다. 사회주의 혁명과 일본으로부터의 독립에 인생을 걸었던 또 한명의 조선 혁명가는 머나 먼 중국 대륙에서 저녁별처럼 살다가 스러졌다.

32세의 김산

매서운 바람이 몰아치는 하니허 들판을 지나 나는 다시 압록강을 향해 걸었다. 거기엔 학교에서 돌아와 도시락 반찬을 투정하던 철없던 15살의 나와 사전 세 권을 보자기에 소중히 감싼 채 발을 동동 구르며 서 있는 소년이 함께 있다. 마냥 어리광을 부려도 괜찮을 15살의 소년이 선택한 삶은 100여 년이 지난 지금 우리에게 어떤 의미일까? 대답 없는 압록강만이 100년이라는 시간의 흐름을 안은 채 김산과 나를 마주하고 소리 없이 흐르고 있다.

압록강은
말없이 흐른다

압록강, 야루리버Yaluriver! 압록강 속에는 중국과의 국경이라는 점에서 생기는 국제정치적 함의와 한국전쟁의 비극적 기억이 혼재해 있다. 겨울의 압록강 바람은 매섭기 그지 없다. 어둠이 내려온 후 아치형 철교의 모습이 우리나라가 겪은 전쟁의 역사를 말해주는 듯하다. 지금은 다리가 끊어진 채 놓여 있지만, 저 다리가 완공되기 몇 년 전, 한 소년이 바로 이곳의 겨울 바람을 헤치고 만주 벌판을 가로질러 갔다.

　　1941년 뉴욕에서 《아리랑》이 출판되었을 때 이미 김산은 암살당한 후였다. 《아리랑》의 첫 장 첫 단락은 이렇게 시작한다. "틀림없이 나에게도 한때 아주 젊었던 시절이 있었을 것이다." 이 말은 김산의 생애를 한 마디로 표현하려는 님 웨일스의 고뇌가 담긴 표현이라고 생각한다. 그녀의 말에 따르면 김산은 조국에 대한 사랑과 열정을 지닌 아름다운 청년이었고, 그의 정신과 인품, 그리고 불굴의 의지로 다져진 인생에 매료될 수밖에 없었다고 한다. 또한 그의 고통과 번민으로 뒤덮인 파란만장한 인생은 그 자체로 그 시대 조선의 비극적 현장으로 보였다고 한다. 님 웨일스가 쓴 책 제목 《아리랑》, 그것은 김산이 사랑한 우리 민족의 노래이자 그의 삶이자 우리 민족의 역사다.

해질 무렵의 압록강

　　20세기는 제국주의와 혁명의 시대였다. 하지만 우리 독립운
동가들의 생애는 혁명과 제국주의 모두로부터 배신당한 역사라
고 말해도 될 정도다. 치열한 한 세기를 살다간 수많은 독립운동
가들이 언제쯤 이 배반의 역사에서 자유로워질 수 있을까? 21세
기에 접어들었지만 아직도 그 시기를 살았던 수많은 독립운동가

들이 사상과 이념으로 가로막힌 장벽 때문에 이름조차 남기지 못하고 잊혀 있다. 1920년 추운 겨울, 김산이 건넜던 그 압록강은 약 100년이 지난 지금까지도 여전히 말이 없다. 수백 수천 명의 조선 청년들의 아픈 역사가 차가운 압록강 물결 속에 묻혀 있을 뿐이다.

조국의 비극을 짊어진 채 그 시대를 살아가는 조선 청년의 자화상은 어쩌면 조선의 모습 그 자체일지도 모른다. 사회주의 혁명을 위해 모든 것을 불태웠으나 버림받았고, 조국인 대한민국에서조차 제대로 인정받지 못한 김산의 일생은 아리랑과 닮아 있다. 김산은 고통스러울 때마다 아리랑 고개를 넘는다고 생각했다. 그리고 그 고개 끝에서 본 것은 수많은 죽음이었다. 하지만 그는 죽음을 패배나 좌절로 생각하지 않았고, 오히려 죽음이 패배가 아니라 승리일 수도 있다고 보았다. 나는 그의 삶을 비극적이라 생각하지 않는다. 적어도 그는 스스로와의 싸움에서 승리했기에 그 누구보다 찬란하고 아름다운 삶을 살았다. 한 조선 혁명가의 꿈 그리고 좌절이, 아니 한 조선 독립운동가의 비애가 저 바람 속에 흐느낌 되어 내 몸을 감싸 온다. 그리고 김산의 등 뒤에는 또 얼마나 많은 김산들이 이름조차 남기지 못하고 죽어갔을까 생각한다. 한 청년의 슬픈 죽음이 한 많은 조선의 아리랑이 되어 스러져 가고 있다.

해방 이후, 친일 청산이 이루어지지 않은 이유

영화 〈암살〉에는 친일파 밀정으로 나오는 염석진이 해방 이후 친일파 척결을 위한 반민특위 법정에 서는 장면이 나온다. 1948년 남한에서는 친일파 척결을 위한 반민족행위특별조사위원회(反民族行爲特別調査委員會), 약칭 반민특위가 열렸다. 반민특위는 일본에 협력하여 악질적으로 반민족 행위를 한 자를 조사하기 위해 제헌국회에서 설치한 특별위원회다.

제헌국회에서는 국권 강탈에 적극 협력한 자, 일제강점기 때 독립운동가나 그 가족을 악의적으로 살해하거나 핍박한 자 등을 처벌하기 위해 반민족행위처벌특별법을 통과시켰다. 그러나 영화 속의 염석진이 그렇듯 친일파를 완전히 없애는 데 실패한다.

대한민국의 초대 정부는 친일파 척결보다 한반도의 공산화를 저지하는 것이 더 시급하다고 생각했다. 정부 관리와 경찰들이 반민특위에 의해 검거되자 그들이 정부 수립의 공로자이며 반공주의자라는 이유를 들어 석방을 종용했고, 그후 노골적으로 반민특위의 활동을 방해했다. 끊임없는 방해로 반민특위의 활동은 지지부진하게 이어지다가 1949년 6월 6일 특별경찰대가 강제로 해산되면서 사실상 기능을 상실했다.

광복 직후 친일 청산을 사실상 하지 못한 것이 70년이 지난 지금까지 이어졌다고 보는 학자들이 상당하다. 세월이 흐를수록 친일 청산은 더욱더 어려워질 것으로 보인다.

부끄러운
시인의
간절한 염원

윤동주

히라누마 도주(平沼東柱). 어색한 이름을 몇 번이고 불러본다. 종이에 적어 보기도 하고 지워도 본다. 방문 틈으로 들어오는 찬 공기에 코 끝마저 시리지만 마음은 그보다 더 차디차다. 어떻게 해봐도 낯설기만 한 이름 때문이다. 1942년 룽징(龍井, 용정)의 바람소리가 늦은 밤까지 온 마음을 휘감았다. 이제 일본으로 떠날 날이 얼마 남지 않았는데, 아무리 애를 써도 쉽게 익숙해지지 않는 네 글자 이름 앞에서 그는 밤늦도록 몸을 뒤척이다 결국 다시 일어나 불을 켠다. 일본으로 건너가 공부를 계속하겠다는 결심을 했지만, 그 결심이 옳은 것인지 쉽게 확신이 서지 않는다. 정말 나 홀로 이곳을 떠나도 되는 걸까? 가족 전체의 이름과 바꾼 일본식 이름, 그리고 앞으로 그로 인해 더욱 가난해질 집안 형편을 생각하니 한없이 미안하고 부끄럽다.

경성(京城)에 도착하면 창씨개명계부터 제출해야 한다. 연희전문학교의 학적부와 성적표의 모든 이름도 히라누마 도주로 바뀔 것이다. 착잡해진 마음에 책상 위에 두었던 노트를 꺼내 본다. 졸업, 귀향, 유학, 그리고 어색한 그 이름 히라누마 도주. 수많은 낙서 위에 한 글자 한 글자 마음을 담아 꾹꾹 눌러쓴 시. 이것이 바로 1942년 1월 룽징에서 25세 청년 시인 윤동주가 쓴 〈참회록〉이다.

참회록

파란 녹이 낀 구리 거울 속에
내 얼굴이 남아 있는 것은
어느 왕조의 유물이기에
이다지도 욕될까.

나는 나의 참회의 글을 한 줄에 줄이자.
만 이십사 년 일 개월을
무슨 기쁨을 바라 살아왔던가.

내일이나 모레나 그 어느 즐거운 날에
나는 또 한 줄의 참회록을 써야 한다.
그때 그 젊은 나이에
왜 그런 부끄러운 고백을 했던가.

밤이면 밤마다 나의 거울을
손바닥으로 닦아 보자.
그러면 어느 운석隕石 밑으로 홀로 걸어가는
슬픈 사람의 뒷모양이
거울 속에 나타나 온다.

25년 동안 불리던 이름 하나 지켜줄 수 없는 조국 땅에서 짧은 청춘을 살다간 시인 윤동주. 그래서인지 그의 참회록은 읽을 때마다 마음 한 켠이 아리고 아파 온다. 만약 그가 지금껏 살아있었다면 곱게 나이 든 할아버지의 모습으로 우리에게 그 시절 이야기를 들려주었을 텐데. 너무도 짧은 생애를 살다간 윤동주는 시를 통해 우리에게 이야기한다. 그가 그렇게나 참회하며 울었던 이 나라에 대해, 나약함이 서러웠던 젊은 날의 자신에 대해. 결국 윤동주의 시는 스스로에게 하는 고백임과 동시에 그 시대를 기억하는 기록인 셈이다.

〈참회록〉 친필 원고

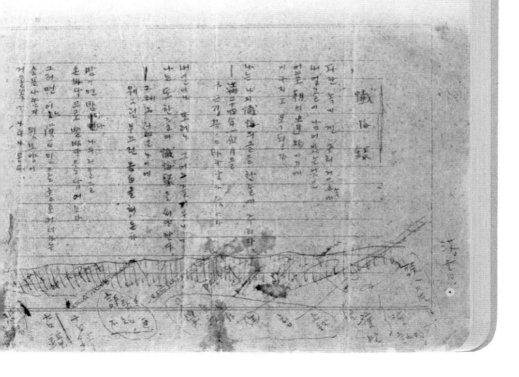

룽징의 찬바람을 맞으며
시인의 노래를 듣다

시인은 지금 우리 곁에 없어도 시는 여전히 살아있다. 이를 증명하는 시인이 바로 윤동주尹東柱, 1917.12.30~1945.2.16다. 한국, 중국, 일본 세 나라가 비록 정치적으로 대립 관계에 있긴 하지만, 세 나라의 보통 사람들은 윤동주의 시를 사랑했고, 사랑하고 있다. 이것이 문학이 지닌 힘이자 시인 윤동주가 지닌 영향력이다.

　　하지만 세 나라는 윤동주의 국적 문제를 가지고 서로 논쟁을 벌이고 있다. 윤동주가 태어난 곳이 중국 지린성 옌벤조선족자치주延邊朝鮮族自治州에 있는 룽징이기 때문이다. 한국인들은 윤동주가 당연히 한국인이라 믿고 있지만 실제로 룽징에 있는 윤동주의 생가에는 '조선족 애국시인 윤동주'가 태어난 곳이라 쓰여 있다. 중국인들은 윤동주의 할아버지가 중국으로 귀화했으며, 가족 모두가 룽징에 터전을 잡고 살았기 때문에 윤동주가 조선족 중국인이라는 입장을 취한다. 일본인들은 윤동주가 릿쿄대학立敎大學에 입학하기 위해 창씨개명을 했다는 것과 당시에는 한국이라는 나라가 없었기 때문에 일본인이라고 주장한다. 윤동주의 모교인 릿쿄대학에서는 지금까지도 윤동주를 추모하는 행사를 열곤 한다. 하지만 분명한 점은 세 나라 사람들이 모두 윤동주의 시를 사랑하고 아낀다는 점이다. 이것이 바로 문학이 가진 위대한 힘일

룽징에 있는 윤동주의 생가 전경

윤동주 생가에 세워진 기념비

것이다.

그렇다면 한중일 세 나라의 화해와 통합의 접점, 즉 국경을 넘어 모두가 공감하는 그 어떤 합의점을 윤동주의 시 속에서 찾아볼 수 있지 않을까?

어릴 적 처음 만났던 시인 윤동주의 시비 앞에 다시 섰다. 처음 방문했을 때의 감동을 기억하며 다시 찾은 이곳, 윤동주 기념관은 옛 모습 그대로다. 시인의 고향에서 나는 다시 〈서시〉를 나직이 읊조린다.

죽는 날까지 하늘을 우러러
한 점 부끄럼이 없기를
잎새에 이는 바람에도
나는 괴로워했다.
별을 노래하는 마음으로
모든 죽어가는 것을 사랑해야지
그리고 나한테 주어진 길을
걸어가야겠다.
오늘밤에도 별이 바람에 스치운다.

수줍고 섬세했던
명동촌의 소년

윤동주의 시를 읽다 보면 인간의
교만도, 탐욕도, 어리석음도 다 사
라진다. 시인의 순수함이 잃어버린
조국에 대한 그리움과 만날 때, 그
가 남긴 시는 사람들의 마음에 잔
잔한 파문을 일으킨다. 그래서 사
람들이 지금까지도 시인의 고향인
룽징을 찾는 것인지도 모른다. 시
인의 고향, 그곳은 시 속에서 살아
영원히 죽지 않고 숨 쉰다.

어린 시절의 윤동주

　　시인의 고향을 찾는다는 것은 잃어버린 나의 고향을 찾아가
는 것처럼 묘한 설렘을 주었다. 그런데 도착해 보니 예전에 내가
보았던 시비의 모양과 다르다. 왜일까? 서시를 중국어로 번역하
여 시비에 한 칸을 더 추가한 것이다. 그러나 애석하게도 몇 번을
보아도 중국어로 번역된 윤동주의 시는 가슴으로 읽히지가 않는
다. 같은 언어, 같은 문자 속에 녹아 있는 감정의 공유란 것이 이
런 걸까?

　　고개를 돌려 연희대학 교정을 둘러본다. 이 학교를 다니던

윤동주의 모습은 어땠을까. 그토록 고향을 그리며 쓴 〈하늘과 바람과 별과 시〉를 시인이 지금 본다면 그는 어떤 마음으로 이 시를 읽을까? 선선한 바람이 기분 좋게 불어오는 학교 안, 이런저런 생각에 시비 앞을 떠나지 못하는 내게 시인 윤동주가 다가와 말을 건다.

윤동주 어릴 적 처음 내 시를 읽었던 때와 지금 어른이 되어 다시 읽는 시는 느낌이 많이 다르지요?

다훈 그때나 지금이나 여전히 아름답네요. 다만 중국어로 번역된 〈서시〉는 오늘 처음 읽었는데 한국어와는 확실히 다르네요. 좀 어색하기도 하고요. 선생님은 번역된 시가 마음에 드시나요?

윤동주 하하. 글쎄요⋯⋯.

다훈 방금 시인의 기념관을 보고 나온 길이었어요. 선생님이 태어나 자란 곳이 명동촌이지요? 그곳으로 좀 안내해 주시겠어요?

윤동주 좋죠. 함께 가요.

우리는 시비가 세워진 곳을 떠나 명동촌으로 발걸음을 옮겼다.

다훈 명동촌은 어떤 곳이었나요?

윤동주 명동촌을 처음 개척한 사람은 이동녕李東寧이죠. 당시 북

한글 시와 중국어로 번역된 시가 함께 새겨진 〈서시〉 시비

간도에 살며 농사짓던 조선인들을 이곳 명동촌으로 모이게 하여 마을을 이룬 것이랍니다. 명동촌은 나의 외삼촌인 김약연金躍淵 목사가 이주해 오면서 교육열도 높아지고, 독실한 신자들도 많아 졌죠. 무엇보다 독립운동의 열기가 다른 어느 곳보다 높았어요.

다훈　저기 작은 한옥 지붕 위에 십자가가 보이는데 저곳은 교회인가요?

윤동주　맞아요. 김약연 목사의 집이 바로 교회당이죠. 1910년 할 아버지가 기독교 장로교에 입교하시고 제가 태어날 무렵에 장로 직을 맡으셨어요. 저도 그 영향으로 자연스럽게 유아세례를 받았

+

룽징에 복원된 명동학교와 학교 터

고요.

다훈　김약연 목사님이라면 명동학교明東學校의 교장을 하셨던 분이시죠? 이 학교를 다니신 건가요?

윤동주　1925년이니까 아홉 살 때 명동소학교에 입학했어요. 명동소학교는 외삼촌이 설립한 규암서숙圭巖書塾을 명동소학교와 명동중학교로 발전시킨 것인데, 내가 학교에 다닐 때는 중학교가 없어지고 소학교만 있었어요. 고종사촌인 송몽규, 문익환 같은 친구들과 함께 학교를 다녔지요. 그러다가 열다섯 살에 명동소학교를 졸업하고 명동에서 30리 남쪽에 있는 중국인 소학교에 6학년으로 편입했어요.

다훈　그럼 시는 그때부터 쓰기 시작하신 건가요?

윤동주　동시를 처음 발표한 건 열세살 때쯤에 반 친구들과 함께 《세명동》이라는 등사판 문예지를 간행하면서부터예요. 본격적으로 쓴 건 열여섯 살 이후 은진중학교에 입학하면서부터고요. 그때 문예지를 발간하면서 문예작품을 발표했고 그 후로 〈삶과 죽음〉, 〈초 한 대〉, 〈내일은 없다〉와 같은 시를 쓰고 모든 시에 시를 쓴 날짜를 표기했어요.

다훈　〈남쪽하늘〉, 〈창공〉, 〈거리에서〉, 〈조개껍질〉, 〈병아리〉, 〈빗자루〉와 같은 시들이 모두 19세에서 20세에 쓰신 거죠? 쓴 날짜를 표시해 두셔서 기억하고 있어요.

윤동주　맞아요. 〈남쪽하늘〉, 〈창공〉, 〈거리에서〉, 〈조개껍질〉 같은 시는 은진중학교에서 평양숭실중학교 3학년에 편입한 뒤에 쓴 시들이고, 스무 살 때 숭실중학교가 폐교되어서 다시 광명학원 중학부 4학년에 편입했어요.

다훈　그럼 광명중학교를 졸업하고 연희전문대 문과에 입학하신 건가요?

윤동주　그렇죠. 몽규 형이랑 같이 입학해서 연희전문대 문과에서 발행한 《문우文友》지에 〈자화상〉, 〈새로운 길〉을 발표했어요. 연희전문 문과를 졸업한 후에는 19편으로 된 자선시집《하늘과 바람과 별과 시》를 졸업 기념으로 출간하려 했는데 결국 못했죠. 이

윤동주가 다녔던 도시샤대학

도시샤대학에 세워진 윤동주의 시비

즈음 일본으로 유학가기 위해 히라누마로 창씨개명을 해야 해서 개인적으로 정말 힘든 시기였어요. 물론 일본으로 건너간 후에는 더 많은 일들이 있었지만요.

일본으로 건너간 이후의 생활이 떠오른 듯 더 이상 말을 잇지 못하는 윤동주를 보며 말을 돌렸다.

다훈 송몽규? 그분은 어떤 분이신가요? 좀 낯선 이름인데…….
윤동주 나는 고종사촌인 몽규 형에게 많은 영향을 받았어요. 형은 내성적인 나와 달리 활동적인 성향에 리더십까지 갖춘 정말 멋진 남자였어요. 나는 형과 평양 숭실학교, 서울 연희전문학교, 그리고 일본 릿쿄대학과 도시샤대학同志社大學을 함께 다녔죠. 형은 끊임없이 한국의 독립을 염원하고 스스로 무엇을 할 수 있을지를 고민했던 사람이었어요. 형은 문학을 사랑하고 진정 문학도가 되길 꿈꾸던 사람이었어요. 형이 문학가가 되었다

윤동주의 첫 번째 원고 표지

릿쿄대학 시절의 윤동주(뒷줄 오른쪽)와 송몽규(앞줄 가운데)

면 얼마나 아름다운 글을 썼을까 하고 많이 생각해요. 하지만 형은 글을 쓰기보다는 행동하는 걸 선택했어요. 글만 쓰고 있기에는 우리가 처한 현실이 너무도 위태롭고 긴박하다고 생각한 거죠. 형은 중학 2학년 때 《동아일보》 신춘문예에 콩트 〈숟가락〉으로 입선했지만 글쓰기는 거기까지였어요. 교토대학교京都大學敎 서양사학과 3

학년 때 중국 난징에 있던 백범 김구 선생님을 찾아가 교육받고 뤄양군관학교洛陽軍官學校* 한인반에 입학했거든요. 형은 의지력이 강한 행동가이자 제국주의에 반대하던 민족주의자였어요.

다훈 1944년 1월 20일 발행된 일본 내무성 경보국 보안과의 《특고월보特高月報》를 보니 송몽규는 "끝까지 불령사상을 포기하지 못했고" 윤동주와 의논해 연희전문을 거쳐 일본에서까지 "조선 독립을 궁극적 목적으로 삼고 세계 역사 및 문학을 연구하면서 민족문화의 유지에 노력하고 있었다"고 기록하고 있네요.

윤동주 조선의 독립을 꿈꾸는 것이 불령사상이라니 정말 슬프지 않나요? 나는 히라누마 도주가 아닌 내 이름 윤동주를 쓰고 싶었던 것뿐인데……. 글마저도 자유롭게 쓸 수 없는 상황을 겪은 내 20대 시절은 좌절과 고통의 시간이었어요. 몽규 형은 그런 상황 속에서 문학으로는 변화를 만들기 부족하다고 느꼈던 거죠. 문학의 힘으로 세상이 변화하길 바라기에는 우리를 둘러싼 상황이 너무도 절박했어요. 사실 난 형을 보면서 소극적이고 내성적인 내 모습이 많이 부끄러웠어요.

형인 송몽규를 생각하며 상념에 잠긴 윤동주는 잠시 눈물을 보였다.

윤동주 1943년 7월, 여름방학이었어요. 귀향하는 길에 난 사상

불온과 독립운동 가담 혐의로 교토경찰서에 붙잡혔죠. 2년 형을 선고받고 후쿠오카형무소에 있었는데 그때 형도 나와 같은 감옥에 있었어요. 형은 조선인 학생들이 일으킨 민족주의 집단사건의 주모자로 체포된 거였고요. 끔찍했던 시간이었어요. 절박한 상황에서 내가 할 수 있는 거라곤 나약한 나 자신에 대해, 그 답답한 심경을 솔직하게 시로 적는 것뿐이었어요.

다훈　무슨 말을 더 꺼내야 할지 모르겠어요. 하지만 이 한 가지는 꼭 말씀드리고 싶네요. 윤동주는 이 세상에 없지만 윤동주의 시는 여전히 살아 있다고요. 윤동주의 시를 읽고 시인을 가슴에 담은 사람들이 국경을 넘어 시인의 고향을 찾아오고 있어요. 비록 수많은 역사적 갈등은 계속되고 남겨진 상처는 아물지 않았지만 적어도 윤동주의 시 앞에서 우리는 하나가 될 수 있습니다. 더긴 시간이 지나도 윤동주의 시는 영원히 죽지 않고 살아서 국적을 넘어, 언어를 넘어, 수많은 갈등을 넘어 공감을 만들고 소통을 가능하게 할 겁니다. 시인의 노래가 계속해서 우리의 가슴에 울려 퍼지고 있으니까요.

　시인은 대답 없이 빙그레 웃으며 북간도의 바람 속으로 걸어갔다.

도시샤대학 시절 아마가세 다리 위에서 찍은 윤동주의 마지막 모습(앞줄 가운데)

윤동주가 사망한 후쿠오카형무소(지금은 남아 있지 않다)

서울 종로구 부암동에 있는 윤동주 시인의 언덕으로 오르는 길

윤동주 시인의 언덕에 쓰여 있는 윤동주의 시

문학이 지닌 힘을
가슴에 품으며

총 한발 쏘지 않은 윤동주가 수많은 독립운동가들보다 더 깊이 기억되는 것은 그의 시가 우리 가슴에 주는 따뜻함과 그리움이 있기 때문이다. 시적 음률로 승화된 식민지 백성의 삶이 우리의 가슴을 울리는 그 무엇인가가 있어서이기도 하다. 그래서 사람들은 윤동주가 헤아리던 별을 찾아서, 오늘도 시인의 발자취를 찾아 나선다. 잎새에 이는 바람에도 괴로워한 시인, 밤하늘의 별을 세월이 지난 오늘까지도 우리의 가슴에 안겨 준 시인의 발자취를 찾아서 말이다.

시험에 나오기 때문에 억지로 익혀야 했던 메시지나 저항의 흔적들을 벗어나 윤동주의 시를 다시 읽는 지금, 글자 그대로의 잔잔하고 먹먹한 감동이 가슴에 남는다. 시는, 그래서 문학은 위대하다.

노래에 담긴 조선 독립의 의지, 독립운동군가

대한민국의 국가대표 축구팀 서포터즈인 붉은악마가 부르는 노래 중 하나는 만주에서 불리던 〈독립군가〉로 원곡은 미국의 남북전쟁 당시 군가인 〈조지아행진곡(Marching Through Georgia)〉이다. 이 곡이 전 세계적으로 유행하며 조선에도 전해졌는데, 이 곡을 만주의 신흥무관학교에서 개사하여 교가로 사용했다. 이것을 다시 한 번 개사해 붉은악마들이 응원가로 부르기 시작했다.

독립운동군가의 노랫말은 주로 조국의 독립을 소망하는 것으로 항일운동에 대한 의지를 표명하거나 애국심을 높이거나 독립군의 사기를 드높이기 위한 내용을 주로 담았다. 또한 죽음을 뛰어넘는 희생정신이나 조국의 광복에 대한 기대감을 담았으며, 독립군의 고난이나 숨진 독립운동가들을 기억하는 내용, 고향과 부모형제를 그리는 내용 등 주제가 매우 다양했다.

음악적인 측면에서 독립운동군가의 가장 큰 특징은 새롭게 작곡된 것이 아니라 원곡에 새로운 가사를 붙여 만든 노래가 압도적으로 많다는 점이다. 초창기 독립운동군가에는 일본 군가, 창가, 대중가요 등 일본의 노래를 차용한 것이 많다. 예를 들어, 청산리 전투 때 독립군이 부르던 〈승리행진곡〉은 러일전쟁 당시 일본의 군가에 가사를 바꾼 것이다. 일본 노래 중 상당수가 일본 곡인지 모른 채 전해졌기 때문이다.

독립운동군가의 시작은 항일의병 활동 시절부터였지만, 전성기는 임시정부 산하의 광복군 진영에서 비롯되었다. 이때 광복군들이 부르던 노래는 외국곡도 많았지만 광복군들이 스스로 작사와 작곡을 했다는 점이 가장 큰 특징이다. 심지어 중국군이 우리의 노래를 듣고 가사를 바꿔 부르는 경우도 있었다고 한다.

간도 협약에 담긴 의의

간도(間島)란, 조선과 만주 사이에 있는 땅이란 뜻이다. 만주는 청나라 만주족이 그 민족적 근거로 성스럽게 여기는 땅이다. 그런데 우리 민족은 1860년대 대기근을 피해 함경북도 종성, 회령 사람들, 그리고 평안도 사람들이 두만강을 넘어 이주하기 시작했다. 인구는 100만 명에 달했다고 한다. 이들은 하이란강 하류 서전평야에 위치한 룽징에 모여들기 시작했는데, 1886년 이곳 룽징에서 우물이 발견되고 이 주위로 사람들이 정착하기 시작했다고 전한다. 또한 러시아가 동청철도를 건설하자 우리 민족은 블라디보스토크 등 지금의 러시아 연해주로 이주하

룽징의 시작이 된 용드레 우물

간도로 이주하는 조선인들의 행렬

여 철도건설에 종사했다. 백두산을 중심으로 서쪽을 서간도, 동북쪽을
북간도라 부른다. 지금의 옌볜자치주가 북간도에 해당하고, 이회영 등
이 활동했던 퉁화현, 류허현, 지안 등이 서간도에 해당한다. 고종은 간
도에 관리를 파견하여 이곳에 살고 있는 조선인을 관리했다. 관리사 중
대표적 인물이 이범윤인데 일본이 을사늑약으로 조선을 침탈하자 귀국
하지 않고 독립운동에 뛰어든다.

간도협약(間島協約)은 일본 제국이 1905년 을사늑약으로 대한제국의
외교권을 강탈한 상태에서 1909년 9월 4일 청나라와 체결한 조약이다.
이 조약은 두만강(圖們江, 두만강)을 한(韓)·청(淸) 사이의 국경으로 정
하여 간도를 청나라 영토로 인정하는 것을 주요 내용으로 하고 있다.
한편 백두산 천지는 중국 쪽과 조선 쪽으로 경계를 정하고 이곳에 경계

비를 세웠다. 간도협약이 체결된 당일, 일본은 안봉선의 철도부설권 등을 청나라로부터 획득하는 것을 내용으로 하는 만주 5안건 협약을 체결했다. 일본은 1907년 8월 23일 간도에 헌병과 경찰을 들여보내 룽징에 통감부 간도파출소를 설치했으나, 이 조약 이후 간도 지역에 대한 청나라의 영토권을 인정하고 통감부파출소를 철수했다.

아무르강에
남겨진
열세 발자국

김알렉산드라
스탄케비치

1918년 9월 16일. 이미 저문 달빛과 아직 떠오르지 않은 태양이 마주하지도 못한 채 숨죽이고 있는 새벽 4시, 아무르강(흑룡강) 절벽 위를 걷는 한 여인의 목소리가 들려온다. 그녀의 조국은 새벽 4시의 아무르 강변처럼 어둡고 절망적이다. 허나 조국을 향해 부르짖는 그녀의 목소리는 지금 당장 떠오를 태양을 확신한 이의 음성처럼 당차고 거침이 없다.

"우리 조선인들은 볼셰비키 혁명을 성공시킴으로써 조선 땅에 자유와 독립이 올 수 있다고 믿었다. 그래서 우리는 백군(멘셰비키)[*]과 일본군과 싸웠다. 이제 나는 조국의 독립을 생각하며 조선 13도를 상징하는 열세 발자국을 걷겠다. 내 걸음과 더불어 조선 13도 전체에 독립과 해방과 자유와 평화가 오기를!"

그녀가 마지막 열세 발자국을 내딛자

● 보통 레닌파를 '볼셰비키', 마르토프파를 '멘셰비키'라고 부른다. 멘셰비키와 볼셰비키는 사회주의 이론과 실천에 걸쳐 서로 대립했다.

순식간에 수많은 총알이 그녀의 몸을 관통했다. 그렇게 그녀는 조국의 독립을 기원하는 열세 발자국을 남긴 채 생을 마감했다. 우리나라 최초의 사회주의 여성 독립운동가였던 그녀의 죽음은 그 어떤 영웅의 마지막 순간보다 장렬했다.

극동의 러시아혁명 운동사에서 중요한 위치를 차지하고 있던 그녀는 레닌이 이끄는 러시아 볼셰비키당에 가입하고 러시아혁명에 참여했으며, 조선 최초의 사회주의 조직인 한인사회당을 탄생시키는 데 기여한 뛰어난 여성 운동가다. 그러나 극동 시베리아로 이동한 백군의 습격으로 극동지역에 있던 적군(볼셰비키)이 처형될 때, 그녀 역시 그들과 함께 총살되어 서른셋의 짧은 생을 마감했다. 그렇게 약소민족 출신 한인 최초의 사회주의 여성 독립운동가의 뜨거웠던 삶은 혁명의 물결에 뒤덮인 유라시아 대륙의 동쪽 끝에서 차디찬 강물 속으로 던져졌다. 아무르강 절벽 아래로 스러져 간 그녀의 이름은 조선인, 김알렉산드라 스탄케비치다.

얼어붙은 아무르강

시베리아의 매서운 추위를 뚫고
김알렉산드라를 찾아서

한국 사회주의 독립운동사에 선구적 역할을 한 김알렉산드라 스탄케비치1885.2.22~ 1918.9.16를 만나러 가는 길은 멀고도 험했다.

　일요일 오후 2시, 강원도 동해시 국제선 여객터미널에서 매주 한 번 있다는 블라디보스토크Vladivostok로 가는 배를 기다렸다. 배를 타고 24시간을 항해한 후에야 러시아 블라디보스토크 항구에 다다를 수 있다. 하룻밤이 지나고 나니 전혀 다른 세상이 펼쳐졌다.

　블라디보스토크는 1860년 러시아 해군기지로 개항하여 19세기 말부터 20세기 초 러시아 극동정책의 영향으로 경제적, 군사적으로 그 중요성이 높아졌다. 또한 1903년 시베리아 철도의 개통으로 러시아 중심부와 육로로 연결되면서 그 철도의 종점으로 국제적 위상도 높아졌다. 혁명운동사에서도 중요한 역할을 차지하는 블라디보스토크는 1905년부터 1907년 제1차 러시아혁명기에 군대의 반란이 여러 차례 일어났으며, 1917년 10월혁명 때는 재빨리 소비에트 정권을 수립하는 등 시베리아 극동 정세에도 큰 영향을 미쳤다.

　무엇보다 블라디보스토크는 한국 독립운동사의 주요 근거지 중 하나다. 시베리아 항일운동의 요람인 신한촌新韓村*이 있었던

+

오늘날의 블라디보스토크항

곳이 바로 이곳이다. 사실 러시아
의 극동지역*이 과거 연해주로 불
린 지역임을 아는 사람은 많지 않
다. 만주, 연해주, 북간도, 서간도는
모두 우리 민족이 오랫동안 터를
잡고 살던 땅이지만 이러한 명칭은
지금 우리에게 낯선 이름이다. 어
쩌면 남북 분단 이후 북한 땅을 자
유롭게 갈 수 없게 되면서 북한 국

신한촌
일제강점기에 러시아 연해주
블라디보스토크에 자리 잡은
한인 집단 거주지다. 일명 신
개척리(新開拓里)라고도 한다.
1914년 제1차 세계대전 발발
이전까지는 국외독립운동의
중추기지 역할을 했다.

극동지역
러시아의 가장 동쪽 끝에 있다
는 의미로 붙여진 명칭이다.

경 지역과 가까운 만주와 연해주 땅에 대한 지리적 감각이 더욱

멀어져서일 수도 있다. 하지만 블라디보스토크는 한인 독립운동의 주요 거점으로 러시아 지역의 한인 독립운동을 대표하는 권업회, 권업신문, 대한광복군정부, 한인신보사, 일세당, 대한국민의회, 노인동맹단 등이 있었으며 수많은 한인 애국지사들이 거주하고 활동한 장소다. 우리나라 최초의 사회주의 정당이었던 한인사회당을 창당한 이동휘李東輝*의 집도 여기 블라디보스토크의 신한촌에 있다고 하는데, 현재는 그 어떤 흔적도 찾을 수가

이동휘
대한제국의 군인이자 한국의 사회주의계열 독립운동가다. 함경도,평안도,북간도,연해주 등의 한인사회에서 활동했으며 1919년 대한민국임시정부의 국무총리를 역임하기도 했다.

없었다. 단지 신한촌 항일운동을 기념하는 탑 세 개만이 덩그러니 서 있을 뿐이다. 블라디보스토크 곳곳에는 우리의 독립운동가들의 흔적을 찾아볼 수 있는 곳이 있다.

내가 찾는 김알렉산드라가 학창시절을 보낸 곳도 바로 블라디보스토크다. 그녀는 첫째와 둘째 아들을 하얼빈에서 출산하고 1910년 7월 셋째 아들을 이곳 블라디보스토크에서 출산했다. 푸시킨 거리 39번지에 김알렉산드라가 다녔다는 제9호 중학교가 있다고 하는데, 그녀와 관련된 자료는 어느 곳에서도 발견할 수 없었다. 블라디보스토크에 있는 또 하나의 독립운동 관련 유적지는 현재 의과대학병원 건물 옆에 있는 빨간색 벽돌건물이다. 주요 문화재로 지정된 이 건물은 과거 부상당한 독립운동가들을 치료하는 임시 병원으로 사용했다고 한다. 지금도 여전히 그때 그 모습 그대로 남아 있어 당시 모습을 상상하게 한다.

신한촌의 한가운데는 1911년에 터를 닦고 세워진 민족학교 한민학교韓民學校가 있었다고 전한다. 이 학교는 주한 러시아 한국 공사公使였던 이범진, 대한제국 내장원경을 역임한 이용익의 손자 이종호의 기부금으로 만들어

김알렉산드라 스탄케비치

143

혁명광장에 우뚝 선 크리스마스트리

졌으며, 이 학교 학생들은 〈보국가〉, 〈대한혼〉, 〈애국가〉, 〈국기의
노래〉 등 여러 창가를 부르며 민족의식을 키웠다고 알려져 있다.

혁명광장으로 내려오니 크리스마스 분위기로 거리가 활기
차다. 혁명기념비 옆에 커다랗게 우뚝 선 크리스마스트리 옆으로
연인들과 아이 손을 잡고 나온 가족들이 많이 보인다. 이렇게 이
국적인 도시가 과거 한인 독립운동의 거점이었고 한인들의 주요
거주지였다는 사실이 너무도 낯선 밤이다.

칼 마르크스 거리 22번지에서
빛나는 눈동자를 만나다

다음 날, 나는 서둘러 그녀의 흔적이 조금 더 많이 남아 있는 하바롭스크Khabarovsk로 향했다. 러시아 극동지방 최대 도시인 하바롭스크 북쪽에 위치한 아무르강은 김알렉산드라 스탄케비치의 마지막 모습을 담고 있다. 강의 큰 굽이가 한눈에 들어오는 우조스 언덕 전망대에는 언제나 관광객들의 발길이 끊이지 않는다. 태평양을 향해 유유히 흐르는 아무르강을 배경으로 사진을 찍는 수많은 사람들 중 이곳이 얼마나 슬픈 역사를 지닌 곳인지 아는 이가 몇 명이나 될까? 전망대 기둥에 적힌 "1918년 9월 5일 오스트리아 – 헝가리 악사 16명이 〈황제곡〉을 연주하라는 멘셰비키군의 요구를 거부하고 볼셰비키군에 대한 지지를 표명하여 모두 총살당했다"는 메모만이 그 아픔을 짐작하게 할 뿐이다.

드라마틱하고도 비극적인 삶을 마감한 김알렉산드라의 생애는 러시아 극동 혁명사에서 중요한 위치를 차지한다. 혁명전쟁이 끝난 1923년 하바롭스크 향토박물관현재의 극동국립박물관에 김알렉산드라를 기념하는 공간이 마련됐다고 하는데, 지금은 박물관 어디에서도 흔적을 찾을 수 없다. 이제 더 이상 사회주의를 달가워하지 않는 시대 분위기 때문일까? 영하 22도의 매서운 추위는 코끝을 괴롭히며 그녀를 찾아가는 내 발걸음을 자꾸만 늦춘다. 그녀 역시 이 추운 하바롭스크 거리를 수없이 걸었을 것이다.

김알렉산드라는 처형되기 직전까지 이곳 옛 칼마르크스 거리 22번지 건물에서 근무했다고 한다. 하지만 건물 외벽에는 그녀에 관한 어떤 기록도 남아 있지 않았다. 아쉬움을 가득 안고 돌아서려는 찰나 나는 이 거리를 향해 걸어오는 그녀를 마주쳤다. 쌍꺼풀 없는 눈매에 동그란 얼굴, 옅은 미소가 아름다운 여인이었다.

김알렉산드라 절 찾아오신 거죠? 먼 길 와줘서 고마워요.

다훈 정말 반갑습니다. 출근 중이신가요?

김알렉산드라 1917년부터 볼셰비키당 시위원회 사무국원, 하바롭스크시 소비에트 외무위원으로 여기서 일하고 있어요.

다훈 블라디보스토크에도 갔었는데 거기서 뵙지 못해서 정말 아쉬웠어요.

김알렉산드라 아, 제가 다녔던 학교를 가신 건가요? 저는 연해주 우수리스크Ussuriysk 근처에서 태어났는데, 아버지께서 극동 시베리아로 이주한 이후로 블라디보스토크 여학교를 다녔어요.

다훈 러시아에서 태어났는데 한국말을 잘 하시네요.

김알렉산드라 만주 철도 건설현장 통역관을 지낸 아버지 덕분에 언어를 익히는 데 큰 어려움을 못 느낀 것 같아요. 아버지가 열 살 때 돌아가신 다음에는 아버지 친구인 스탄케비치에게 맡겨졌

김알렉산드라가 일하던 칼 마르크스 거리 22번지의 붉은 벽돌 건물

는데 그는 폴란드인이었어요. 그 후로도 다양한 언어를 접할 기회는 많았어요. 블라디보스토크 여학교 졸업 후 교사로 일할 때도 그랬죠. 1914년 남편과 이혼한 다음에는 우랄산맥 밑자락에 있던 벌목장에서 통역 일을 하면서 다양한 나라의 노동자들을 많이 만났어요.

다훈　　그런데 어떻게 사회주의자가 되신 건가요?

김알렉산드라　　우랄 지방에서 통역관으로 일할 때 정말 수천 명의 노동자를 만났어요. 임금체불 등 많은 문제가 있었는데 그 문제를 해결하는 과정에서 우랄 노동자연맹을 만들게 되었어요.

사범학교 시절의 김알렉산드라(맨 왼쪽)

러시아 사회민주노동당의 예카테린부르크 위원회가 우리를 지원해 줬는데, 이때 볼셰비키당에 입당했어요. 1917년 여름에는 러시아 사회민주노동당 예카테린부르크 위원회가 한인 사회에서 활동할 것을 권하면서 저를 극동지역으로 파견했어요. 그해 12월 하바롭스크에서 열린 제3차 극동지방 소비에트 대회에서 하바롭스크 지방 소비에트 집행위원회 위원으로 선출되었지요. 지금은 하바롭스크 볼셰비키 조직의 서기, 극동인민위원회 외무위원으로 활동하고 있어요. 여기서 만난 이동휘 선생을 볼셰비키당원들에게 소개하면서 우리나라 최초의 사회주의 정당인 한인사회당을 창당하기도 했고요.

다훈　　그런데 지금 하시는 일이 조선의 독립과 어떤 연관성이 있나요?

김알렉산드라　　저는 우랄 노동자연맹을 만들 때부터 '인간의 해방'을 꿈꿨어요. 태어난 신분에 따른 계급을 없애는 것이 조선을 해방시키는 것이고, 나아가 조선인들이 해방되는 것이라 생각하니까요. 그래서 레닌을 도와 볼셰비키 혁명을 성공시키는 것이 바로 조선의 독립을 앞당기는 일이라 생각해요.

다훈　　만주에서 중국공산당과 함께 항일운동을 하는 것이 곧 제국주의에서 벗어나 조선이 독립하는 길이라 여긴 김산 같은 조선의 독립운동가들과 같은 맥락이군요.

김알렉산드라　　지금 상황을 한번 보세요. 일본을 비롯해 영국, 프랑스, 미국, 캐나다, 이탈리아 같은 국가들이 제정러시아를 지원하기 위해 시베리아에 군대를 파견했어요. 제정러시아는 제1차 세계대전 이후 계속해서 조선의 독립운동을 탄압하고 있죠. 지금 이 상황에서 조국의 독립을 위해 조선인들이 선택할 수 있는 길이 뭐라고 생각하나요? 제정러시아와 일본에 대항하며 민중의 해방을 위해 앞장선 볼셰비키의 공산주의를 따르는 것만이 조선의 운동가들이 선택할 수 있는 유일한 대안이에요. 저는 제가 속한 상황 속에서 국제적인 측면과 민족적인 측면을 모두 고려해 볼셰비키의 공산주의를 따르는 것뿐이랍니다. 러시아 볼셰비키 혁명

하바롭스크시 칼리니나가에 있는 한인사회당 창당 장소

의 성공이 곧 조선의 독립이라는 생각엔 변함이 없어요. 미안해
요. 출근이 늦을 것 같아서 먼저 올라갑니다.

　빠른 걸음으로 건물 안으로 사라진 그녀의 눈에는 자신이
걷는 사회주의 혁명의 길에 대한 확신이 가득 차 보였다. 인간
의 해방을 꿈꾼다는 그녀의 마음은 너무나 순수하고 아름다웠
다. 그러나 인간의 해방과 조국의 독립을 위해 살았던 그녀의 이
념적 순수함은 비극의 역사로 우리에게 기억되고 말았다. 그녀
는 인간의 탐욕으로 휴머니즘을 상실한 마르크스주의의 이념적
변질을 경험하지 못한 채 아무르강의 차가운 바닥으로 가라앉았

다. 자신의 이상을 위해 망설임 없이 목숨을 버렸던 그녀의 행동은 그녀가 가졌던 인간 중심의 세상에 대한 이상이 얼마나 순수했는지 보여 주는 증거다.

기록되지 못한
여성 독립운동가들의 삶

김알렉산드라는 오늘날까지 중앙아시아의 한인들 사이에서 고려인의 어머니로 추앙받는 인물이다. 한인 볼셰비키 1호인 그녀는 이동휘 등 연해주를 무대로 활동한 사회주의계열 독립운동가들과 일제강점기 사회주의계열 독립운동을 이끌었다.

당시 연해주의 독립운동가인 이동휘, 박애, 김립, 유동열 등은 "러시아 노동계급과의 밀접한 연계에 의해서만 압박받는 한국의 승리가 가능하다"고 믿었다. 이 과정에서 창설된 한인사회당에서 김알렉산드라는 중앙위원으로 핵심 역할을 한다. 이들은 한인사관학교를 만들고, 한국인 100여 명으로 적위대를 만들었다. 이 무렵 김알렉산드라는 블라디보스토크에 주둔한 일본군에게 "총부리를 착취자들에게 돌려라. 일본 자본가들과 사무라이 장군들에게"라고 쓰인 호소문을 나누어 주었다고 전한다. 그녀는 자신의 직책을 이용하여 조선인들의 민족운동을 후원할 수 있었다. 그것은 사회주의 혁명을 완성하는 것이 바로 조국의 독립을 위한 길이라고 믿었던 그녀의 신념 때문에 가능했던 일이다. 그러나 극동지역은 여전히 러시아혁명이 완성되지 못한 곳이었다. 일본군은 백군과 결탁하여 러시아혁명군(적군)과 전투를 벌이고 있었다. 1918년 9월, 결국 하바롭스크는 일본군과 백군에 함락된다. 김알렉산드라도 백군의 손에 잡혀 1918년 9월 16일 새벽 아무르강에서 처형당한다.

이렇게 치열했던 삶의 흔적이 남아 있는 김알렉산드라에 비해 기록되지 못한, 역사의 그림자로 남아 있는 수많은 여성 독립운동가들이 있다. 일제강점기 때 독립운동을 하다가 사망한 사람들은 약 15만 명 정도로 당시 조선 전체의 인구였던 2천만 명의 1%도 안 된다. 공식적으로 독립운동가로 인정받은 남성은 1만 3천 507명이지만 여성은 241명뿐이다. 역사 속에서 여성들은 대부분 사회적 약자이자 전쟁의 최대 피해자로 그려질 뿐이지, 여성 독립운동가들은 이름조차 알려지지 못한 경우가 대부분이다.

단 몇 줄의 기록이라 할지라도 흔적을 찾을 수 있는 여성 독립운동가들의 삶은 그리 녹록하지 않다. 몇몇 예를 들어 보면, 김락金洛은 독립운동가 집안을 굳건히 지켜온 사람이었다. 1896년 전국적으로 일제에 항거하는 의병이 일어나자 시아버지였던 이만도는 예안 의진 의병장으로 활약하다 1910년 단식으로 스스로 목숨을 끊었다. 남편인 이중업은 1919년 제1차 유림단 의거 등을 이끌다가 1921년 병으로 세상을 떠났다. 김락 역시 57세였던 1919년 안동 예안면 3.1운동에 참가했다가 체포되어 고문으로 시력을 잃었다. 김락이 참가한 예안면 시위는 안동 지역에서 처음으로 일어난 대규모 만세 운동이었다. 시력을 잃은 후에는 두 아들과 사위들의 항일운

동을 귀로 들으며 지내다가 1929년 2월 12일 세상을 떠났다. 김락은 시아버지, 남편, 아들, 사위, 큰형부, 큰오빠 등 3대에 걸친 친인척의 독립운동을 지원하면서 집안을 지켰으며, 스스로도 독립운동에 적극적으로 참여했던 강인한 여성이었다.

여성 교육계몽 운동가였던 박차정朴次貞은 조선어, 역사, 지리 등의 교과를 중심으로 민족정신을 높이는 데 중점을 둔 부산 동래 일신여학교에 다니며 항일 의식을 키웠다. 일신여학교 졸업 후 1927년 근우회槿友會*에 가입해 민족의 독립에 관한 글을 발표했고, 이후 근우회에서 출판 부분을 담당하며 여성운동과 독립운동에 힘썼다. 그녀는 1930년 1월 서울의 11개 여학교 학생들이 주도한 광주 학생운동 동조 시위를 조장한 것으로 밝혀져 혹독한 고문을 당한 후 중국으로 망명했다. 베이징에 머무르며 조선공산당 재건설동맹의 중앙위원으로 활동했다. 1931년

남한의 유관순, 북한의 동풍신

'남에는 유관순, 북에는 동풍신'이라 할 정도로 유관 순만큼이나 독립운동사에 큰 업적을 남긴 동풍신은 일반인들에게 잘 알려지지 않았다. 둘은 어린 나이 에 만세운동을 일으켰고 만세운동의 현장에서 일제 의 총칼 앞에 아버지를 잃은 점이 같다.

유관순은 이화학당 학생으로 3.1운동에 참가했다. 폐교령이 내려서 이화학당이 문 을 닫자 고향인 병천으로 내려가 병천장터(아우내장터)에서 만세운동에 앞장섰다. 일 본 경찰에 체포되어 3년 형을 선고받고 서대문형무소에서 수감생활을 하던 중에도 3.1운동 1주년 기념행사를 주도하다가 고문 끝에 사망한다.

동풍신은 함경북도 명천에서 태어나 1919년 3월 15일 하가면 화대동 일대에서 독 립만세운동에 참여했다. 전날인 3월 14일에 있던 화대장터의 만세운동은 함경북도 에서 펼쳐진 만세운동 중 최대 인원이 참가한 5천여 명 규모의 시위였다. 이때 일본

이화학당 재학 시절의 유관순(뒷줄 맨 오른쪽)

헌병들이 가한 무차별 사격으로 5명이 현
장에서 죽었다. 동풍신의 아버지 동민수는
아픈 몸을 이끌고 다음날 일어난 만세운동
에도 참가했다. 그리고 그날 동민수 역시
헌병대와 경찰의 무차별 사격으로 인해 현
장에서 숨을 거두었다. 동풍신은 아버지의
시신을 등에 업고 독립만세를 외쳤다고 전
한다. 결국 그 자리에서 헌병대에 체포되
어 함흥형무소에 수감되었다가 서대문형무
소로 이감된 후 고문을 이기지 못하고 옥중
에서 사망한다.

한 사람은 열사로 널리 알려졌지만 다른 한
사람은 이름조차 낯설게 된 이유가 무엇일
까?

이것은 우리나라가 해방 이후 독립운동가
들에 대해 제대로 인식하기도 전, 사회주

의와 민주주의라는 이념 아래 서로 갈라서는 운명을 맞이한 것이 결정적인 이유라
고 할 수 있다. 남한과 북한으로 갈라져 대립하면서 북쪽 출신의 독립운동가의 이름
을 잃은 것이다. 그러나 일제강점기는 남북한이 분단되기 이전의 일이다. 당시 조선
인들은 모두 한마음 한뜻으로 일본의 식민지 지배에서 벗어나는 것을 바랐다. 유관
순과 동풍신 모두 애국지사이자 자랑스런 독립운동가다. 동풍신이 단지 북한 땅에서
태어나고 자랐다는 이유만으로 그녀의 업적이 가려지는 것은 안타까운 일이다.

董豊信（一九〇四年～一九二一年）

투사는 함경북도 明川郡출신으로 三・一獨立萬歲운동때 花台洞
에서 日本憲兵의 총칼으로 殉義하신 따님이다. 豊
信투사는 그 당시 十六세로서 獨立萬歲운동에 참가했으나
父親董敬秀투사의 비보를 당시 十六세의 少女로서
먼저 董敬秀투사가 獨立萬歲운동에 달려가 독립만세를 외치
며 함께 통곡하던 중 日本헌병에게 끌려 사주한 面長을 찾다가
面長을 찾지 못하고 日本헌병에게 잡혀 北에는 董豊信，
十八세를 일기로 殉獄하였다。 南에는 柳寬順이라는 사
이로부터 세상에는 董豊信，柳寬順이라는
싱이 전래되고 있다。 여기서 다시금 우리 廣川董氏의 자랑과 歡喜을 되살려 보게 된다。（典
書公派 二十六世孫）

광천 동씨 〈대동보 상권〉에 쓰인
동풍신의 기록

에는 독립운동가인 김원봉과 결혼해 부부가 함께 독립운동을 해 나갔다. 이후 박차정은 1938년 조선의용대에 참여해 부녀복무단 장을 맡아 항일투쟁을 벌여 나갔고, 1939년 곤륜산 전투에서 부상을 당한다. 이후 후유증을 이기지 못하고 35세라는 젊은 나이에 세상을 떠난다.

최초의 여성 의병 지도자였던 윤희순尹熙順은 일제가 대한제국의 군대를 해산시키고 고종을 강제퇴위시키자 고흥 유씨 집안의 여성들, 향촌 여성들과 힘을 합쳐 군자금 355냥을 모금하여 놋쇠와 구리 등을 구입, 화약을 제조하는 탄약 제조소를 운영하고, 춘천 가정리 여성 30여 명으로 구성된 여성 의병을 조직했다. 이후 여덟 편의 의병가를 만들어 보급하여 의병운동에 참여하도록 독려하는 역할을 했다. 1911년 시아버지와 남편의 뒤를 따라 중국으로 망명한 이후 1935년까지 25년 동안 가족들과 함께 랴오둥 지역을 떠돌아다니며 항일운동을 펼쳤다. 1913년 시아버지 유홍석이 죽고, 2년 뒤 남편마저 죽었지만 그녀의 독립운동은 계속되었다. 두 아들을 독립운동 단체에 가입시킨 뒤 뒷바라지에 전념했다. 1935년 7월 큰아들 돈상이 제사를 지내러 집에 들렀다가 중국 푸순에서 일본 경찰에 체포되어 고문 끝에 숨을 거두었다. 아들이 죽자 《해주윤씨일생록海州尹氏一生錄》을 지어 자신의 삶을 기록하고, 후손들에게 당부하는 말을 정리한 후 단식으로 1935년 76세의 나이에 숨을 거뒀다.

비행기 앞의 권기옥(가운데)

　최초의 여자 비행사인 권기옥權基玉은 많은 여성 독립운동
가들 중 우리에게 잘 알려진 인물이다. 11세부터 은단공장에 취
직하여 집안 살림을 도왔으며, 이후 숭현소학교에 입학하고 숭
의여학교 3학년에 편입하면서부터 독립운동에 뜻을 두었다. 당
시 수학 교사였던 박현숙의 권고로 숭의여학교의 비밀결사대인
송죽회에 가입했다. 송죽회에서 애국가를 만들고 태극기를 만드
는 등의 활동을 했으며, 1919년 3월 1일 숭덕학교에 모인 사람
들과 함께 만세 운동을 펼친 후 구치소에 감금당했다. 구치소에
서 풀려난 이후에도 대한민국 임시정부의 연락원들과 함께 독립
운동 자금을 모금하고 임시정부 공채를 대량으로 판매했다. 평

안남도 도청을 폭파하는 데 도움을 주기 위하여 폭탄을 제조하고, 전국에 흩어진 동지들과 연락하기 위해 평양청년회 여자전도대를 조직하기도 했다. 당시 임시정부에서는 독립전쟁을 위한 군관 양성을 추진하고 있었는데, 권기옥은 임시정부의 추천으로 윈난雲南, 운남 육군항공학교에 입학한다. 그곳에서 권기옥은 비행사가 되어 일본에 폭탄을 안고 날아가겠다는 다짐을 한다. 졸업 후, 임시정부의 소개로 풍옥상 휘하의 공군에서 한국 최초의 여류비행사로 복무하며 중국혁명전선에서 활약하는 등 10여 년 동안 중국 공군에서 복무했다. 1928년 5월에는 일본 경찰에 체포되어 수감되었다가 6개월 만에 풀려났고, 중일전쟁이 발발한 후에는 조선민족혁명당 관련자들과 함께 충칭으로 가서 국민정부 육군참모학교의 교관으로 임명되어 활동했다. 광복 후 권기옥은 국회 국방위원회 전문의원이 되어 '한국 공군의 어머니'로서 한국 공군 창설의 산파 역할을 했다.

그 외에도 독립군의 어머니라 불린 남자현, 대한애국부인회 설립자 김순애, 농촌계몽운동가 최용신, 간우회 설립자 박자혜, 김구의 어머니이자 독립운동가의 대모 곽낙원, 김구의 비서이자 조선의용대 소속 이화숙, 안중근의 어머니 조마리아, 여성 광복군 1호 신정숙, 임시정부의 안주인인 정정화, 이육사의 시신을 거둔 이병희, 대한민국 임시정부 여성의원 방순희 등이 있다.

중국 무단장시 강변공원 광장에는 팔녀투강비八女投江碑가

팔녀투강비

있다. 1938년 관동군이 동북항일연군에 대한 참빗작전을 전개할 때 피복공장장이었던 조선 여인 안순복과 이봉선 등 8명의 여성이 끝까지 저항하다가 강으로 뛰어 들었던 것을 기념해 세운 조각상이다. 하지만 현재 우리에게는 유관순 이외에 여성 독립운동가의 이름은 잘 알려져 있지 않다. 김알렉산드라처럼 조국의 독립을 위해 앞에 나서 당당히 목소리를 높인 사람이 있는가 하면 자신의 자리에서 묵묵히 노력한 사람도 있다. 각자가 지닌 능력을 다해 대한 독립을 위해 온몸을 바친 여성들이 있었다. 누가 더 많은 업적을 이루었는지 혹은 더 높은 평가를 받아야 하는지를 말하는 것은 아무 의미 없는 일이다. 남녀가 유별하다는 의식

얼어 붙은 아무르강을 걷는 사람들

이 지배하던 시대를 살아가던 한 사람으로서 자신이 맡은 자리에서 최선을 다한 것뿐이다.

　　김알렉산드라가 처형되었던 우조스 언덕을 올랐을 때 언덕 아래 아무르강은 이미 꽁꽁 얼어붙어 있었다. 차갑게 얼어붙은 이 아무르강만이 그녀의 한 많은 인생과 대한의 독립을 부르짖던 처절한 목소리를 기억하고 있을 뿐이었다.

친일 문제를 바라보는 한·중의 시각

중국은 친일 매국노를 '한간(漢奸)'이라 한다. 일본의 패전 후 중국은 한간들을 처벌했다.

리샹란李香蘭(일본명 야마구치 요시코山口淑子)은 유명한 중국노래 〈예라이샹(夜來香, 야래향)〉을 부른 가수인데 영화배우로 활동하며 친일 노래, 친일 영화의 주인공으로 중국인이자 일본인으로 활동했다. 해방 후, 한간으로 체포되어 사형선고를 받았으나 그의 아버지가 호적을 가져와 리샹란은 중국인이 아니라 일본인이었음을 내세워 사형을 면하고 일본으로 추방되었다. 리샹란은 일본에서 참의원 의원 등을 지내며 정치활동을 했는데, 훗날 그녀는 만주에서 친일 행위를 했던 점에 대해 중국인들에게 깊이 사과했다.

그러나 우리나라는 일본의 역사 반성을 촉구하면서도 정작 내가 친일 행위를 했던 사람이라고 엎드려 사죄하는 사람이 아무도 없다. 그야말로 참담한 현실이다.

#02

미래로의
여행

평화를 위해 우리가 해야 할 일은 무엇일까?

현해탄을
다시 건너며

역사를 기억하는 과거로의 여행에서 나는 이회영, 안중근, 김산, 윤동주, 김알렉산드라 스탄케비치를 만났다. 자신의 전 재산을 팔아 독립운동에 투신한 우당 이회영 선생, 목숨 바쳐 대한민국을 지키고자 했던 안중근 의사, 시대를 위한 치열한 고민 속에서 비극적 삶을 마감한 청년 김산, 일제강점기 힘없는 조국의 고통을 그대로 안고 스러져 간 윤동주, 그리고 여성의 몸으로 독립운동을 이끌었던 김알렉산드라 스탄케비치. 그들이 운명적으로 맞았던 그 시대 조국 대한민국은 절망의 땅이었다. 조국을 지키기 위해 목숨마저 기꺼이 내놓았던 사람들과 마주하며 나는 부끄러움에 고개를 들 수 없었다.

　　그중에서도 특히 윤동주는 그의 고향이었던 룽징을 떠난 이

윤동주의 생가 사진과 시모노세키로 가는 배

후에도 계속해서 생각났다. 그의 시 속에는 중국 룽징에서 겪었던 유년 시절에 대한 회상, 연희전문학교와 일본 유학 시절에 그가 고민하던 것들이 잘 녹아 있다. 윤동주가 이 땅을 떠난 지 70년이 되는 2015년 2월, 나는 윤동주가 마지막으로 숨을 거두었던 후쿠오카로 떠났다.

동해에서 출발해 러시아의 블라디보스토크로, 인천에서 출발해 중국의 다롄으로, 그리고 부산에서 일본의 시모노세키로 향하는 세 번의 뱃길을 통해 나는 수많은 독립운동가들이 겪었을 고뇌와 한숨을 엿볼 수 있었다. 부산에서 시모노세키로 가는 길은 그중에서도 대한민국의 근대화 시기와 일제강점기를 살았던 수많은 청년들과 지식인들의 고뇌가 가득 차 있는 특별한 뱃길이다.

그들은 국가와 민족을 위해 어떻게 살 것인지, 무엇이 올바른 삶인지를 끊임없이 묻고 행동하기 위한 답을 찾아 떠났다. 답을 찾아 떠났고, 그 답이 옳은지 수없이 고민했으며, 고뇌의 끝자락에 선 순간 자신만의 방식대로 최선을 다해 싸웠다. 그들이 살았던 조국은 그 누구도 보호해 줄 수 없을 만큼 힘없는 나라였지만, 그들은 포기하지 않고 더 나은 조국의 미래를 꿈꿨으며, 그것을 위해 필요한 것이 무엇일지 생각하고 행동했다.

김산과 윤동주도 건넜던 현해탄. 이 길을 오가는 배에 몸을 실은 나는 대한민국의 한 사람으로서 지금 어떻게 살고 있는지

고민할 수밖에 없었다. 당시를 살았던 사람들이 상상할 수 없을 정도로 부유하고 강력한 나라의 국민으로 살고 있지만, 자본과 권력 앞에 작아지고, 분단된 조국이라는 한계로 좁아진 세상에 살고 있으며, 무의미한 논쟁으로 시간을 보내고 있는 것은 아닌가. 무엇이 문제인지도 모른 채 세상이 흘러가는 대로 휘둘리는 삶을 살아가고 있지는 않은가. 깊은 생각에 잠겼다.

뱃머리에 낡은 태극기 하나가 보인다. 한때 빼앗긴 조국에서 태어나 태극기조차 품지 못하고 살았을 수많은 김산, 윤동주가 지금 이 자리에 서 있다면 어떤 생각을 할까? 밤새도록 이런저런 생각이 떠올라 쉽게 잠을 이루지 못했다.

국경을 초월해 울리는
윤동주의 노래

오전 8시, 시모노세키항이 분주해진다. 어젯밤 부산항에서 배를 타고 도착한 손님들이 발걸음을 재촉해 기차역을 향한다. 나도 모르게 발걸음이 빨라졌다. 시모노세키항에서 기차를 타고 후쿠오카에 도착했다. 후쿠오카는 윤동주가 삶의 마지막 불꽃을 태웠던 곳이다. 윤동주는 교토에서 체포되어 이곳 후쿠오카형무소로 옮겨진 뒤 이름 모를 주사를 맞고 짧은 생을 마감한다. 현재 후쿠오

롱징 대성학교에 세워진 윤동주의 시비

대성학교 안에 마련된 윤동주 기념 교실

카형무소가 있던 자리에는 그 어떤 흔적도 남아 있지 않다. 옛 건물은 사라졌고 근처에 현재의 후쿠오카 구치소가 세워져 있을 뿐이다. 힘없는 나라에서 태어났다는 이유로 조국을 사랑하는 마음을 담은 글이 죄가 되었던, 나라가 지켜줄 수 없었던 청년 윤동주. 이곳에서 그의 흔적을 찾기란 쉽지 않았다.

현재 일본에는 도쿄, 교토, 후쿠오카 세 곳에 윤동주 시를 읽는 모임이라는 것이 있는데, 사람들이 자발적으로 모여 그가 남긴 시를 읽고 공부하는 모임이다. 윤동주의 시가 좋아서 읽기 시작하고, 시를 좀 더 깊이 이해하기 위해 당시의 역사 공부까지 하게 된 모임이라고 한다.

윤동주의 사망 후 70년이 지난 2015년 2월 9일에는 후쿠오카형무소 옛 터에서 기념행사를 진행했다고 한다. 윤동주의 시는 보편적이고 진솔한 자기 고백적 이야기이기 때문에 가해자와 피해자, 아군과 적군이라는 대립적인 입장에 있다 하더라도 공감대를 형성하는 힘이 있다는 회원들의 말을 들었다. 이것이 바로 윤동주의 시가 지금 이 순간에도 한국, 중국, 일본을 가리지 않고 사랑받는 이유가 아닐까? 인간이 가진 나약함에 대해 담담히 고백하고 인정하고, 그 고백이 기록이 되어 남는 순간, 그것은 세월과 국가의 경계를 넘어 그 어떤 것보다 강력한 공감을 만들어 낸다. 그의 시는 지금도 오늘을 살아가는 사람들 사이에 인연을 만들어 주며, 서로를 이해하는 원동력이 되어 주고 있다. 그리고 이 인연이 시작이 되어 모인 사람들은 지나간 역사를 생각하고 반성하며 더불어 살아갈 미래를 고민하고 있다. 이렇게 만들어진 미래에 대한 건강한 생각들이 평화로운 세상의 시작이 될 것이다. 이 시대를 사는 사람들에게 윤동주의 자기 고백적 기록은 지금도 큰 울림과 위로가 되어 다가온다.

이름조차 남기지 못한 독립운동가들

교토에 있는 도시샤대학 안에는 윤동주의 시비가 있다. 그 옆에는 한국 현대시의 아버지라 불리는 정지용의 시비도 나란히 서 있다. 많은 사람들이 두 시인을 기억하며 방명록에 글을 남기고 꽃을 바친다.

송몽규

　　여기서 나는 윤동주의 사촌 형이자 가장 친한 친구, 그리고 윤동주보다 반 발짝 먼저 앞서 나가며 그를 이끌었던 송몽규宋夢奎, 1917.9.28.~1945.3.7를 떠올릴 수밖에 없었다. 송몽규도 윤동주처럼 문학가를 꿈꾸며 이른 나이에《동아일보》를 통해 등단했다. 그러나 조국의 미래를 위해 더 시급한 것은 더 나은 사회를 만들기 위한 행동력이라 생각했다고 한다.

그는 윤동주보다 활동적이었고 리더십이 강했다고 전하는데, 많은 부분에서 윤동주에게 영향을 주었다. 그는 김구金九*가 만든 독립운동단체에 뛰어들기도 했다. 후쿠오카형무소에 윤동주와 함께 갇혀 있다가 윤동주가 죽은 지 한 달여 남짓 후에 송몽규 또한 정체불명의 주사를 맞고 죽는다.

송몽규가 우리에게 잘 알려지지 않은 이유는 그가 남긴 작품의 수가 많지 않기 때문이기도 하지만 친사회주의적 성향으로 알려져 있기 때문이기도 하다. 정지용이나 백석 역시 월북 작가라는 이유로 한때 조명되지 못하던 시기가 있었는데 같은 이유다.

시대가 만든 이념의 장벽은 언제쯤 사라지고, 그 시대를 살아갔던 독립운동가들을 제대로 조명할 수 있는 날은 언제쯤이나 올까? 대한민국이 진정한 통일을 이루어야 모든 갈등이 사라지고 저 아픈 시대를 살았던 수많은 영혼들이 편히 잠들 수 있는 날이 오지 않을까?

하나 된 대한민국을
꿈꾸며

대한민국이 통일이 되면서 가져오는 다양한 변화에 대해 생각해 본 적이 있다. 북한의 노동력과 남한의 자본력이 합쳐져 시너지를 일으켜 국내 경제가 활성화될 것이라는 것을 가장 먼저 쉽게 떠올릴 수 있다. 게다가 동북아시아가 당면한 역사적 문제나 영토 분쟁에 관해서도 서로 협력하여 대응한다면, 중국의 동북공정이나 일본의 독도 문제 등에 대해서도 쉽게 해결해 나갈 수 있을 것이다. 그래서 역사, 국제정치학, 경제 등의 모든 분야에서 통일에 대한 생각을 확장시키고 공론화해야 한다는 생각이 들었다. 그러나 그전에 우선 해결해야 할 문제가 있다.

한번쯤 상상해 보자. 머릿속으로는 북한 사람들이 같은 민족이라고 생각하지만 만약 직접 마주할 기회가 생겼을 때 과연 흔쾌히 말을 건네고 인사를 나눌 수 있을까? 쉽게 답을 내리기 어려울 것이다. 이렇게 우리 머릿속에 고정관념으로 자리한 북한에 대한 선입견이 계속되는 한 어떠한 협력과 교류도 이어가기 힘들 것이다.

모든 오해와 갈등은 자신이 생각하는 하나의 진실 이외의 것은 없다고 믿는 데서 시작한다. 먼저 남한 내부에 자리한 갈등 구조를 똑바로 인식하고, 원인을 찾아낸 후 남한과 북한이 나눠

윤동주가 마지막으로 사진을 찍었던 아마가세 다리

어 있는 현재를 바꿔 나갈 방법을 좀 더 다양한 시각에서 구체
적으로 의논해야 한다.

또한 남과 북이 갈라진 이유를 단순하게 남침이냐 북침이
냐를 다투는 것에서 벗어나 주변 국가와의 관계 속에서 인식하
고 여러 층위에서 이해하려고 노력해야 한다. 그래야만 고정관

넘에서 벗어나 진정한 평화로의 길을 모색할 수 있을 것이다.

윤동주가 그러했듯 자신의 초라한 삶에 대한 성찰, 인간이 지닌 나약함에 대한 인정과 고백이 무엇보다 중요하다. 이렇게 현재를 인정하면 더 나은 삶을 위해 앞으로 나아가는 시작점이 마련된다. 이것은 동시에 더 큰 힘을 만들어 낼 원동력이 되어 줄 것이다.

그가 던지는 시 한 자락에 담긴 위로가 오늘날을 살아가는 우리를 다독여 주는 것에 만족하지 말고, 시대가 지닌 아픔과 고통을 극복해 나아가야 한다. 스스로의 나약함만을 고백하는 것은 그저 포기한 자의 변명이기 때문이다.

한반도에서
전쟁이 완전히
끝나는
날

온전한 평화를
누리지 못하는 한반도

대한민국은 일제강점기와 한국전쟁을 겪으며 한 세기를 힘들게 보냈다. 1945년 광복의 기쁨을 제대로 누리기도 전, 1950년 발발한 한국전쟁은 수많은 인명 피해를 남겼고 그 결과 남과 북으로 분단되었다. 분단이 아니었다면 중국을 지나 러시아를 횡단하여 유라시아 대륙까지 자유롭게 드나들 수 있었던 한반도는 졸지에 섬이 되었고, 남한과 북한은 하나의 민족이 아니라 반드시 싸워 이겨야 할 적이 되었다. 서로를 공포의 대상으로 인식하면서 각 정부에서는 '종북'과 '불순분자'라는 단어를 동원해 국민을 통제해 왔다. 남북이 화해와 통합을 위해 노력할 수 있는 기회조차 차단당했다. 종전이 아닌 휴전으로 마무리 된 한국전쟁은 이 땅에서 태어난 젊은이들에게 선택이 아닌 의무로서 서로를 향해 총칼을 겨누게 했다.

군대라는 공간은 극단적인 전쟁 상황을 대비하는 곳이다. 대부분의 남자들은 자신의 의지와 관계없이 전쟁을 준비하는 시간과 공간, 문화에 노출되고 그 공간을 벗어난다 해도 그 영향력에서 완전히 벗어날 수 없는 사회적 분위기가 형성되어 있다. 심지어 자율성과 창의성이 강조되어야 하는 학교나 기업에서조차 명령과 복종에 익숙한 문화가 곳곳에 배어 있다. 폭발적인 경제성장을 이루었던 시기에 비판 없이 수용되었던 수직적인 시스템은 고속 성장의 밑바탕이 되긴 했지만 인권이나 또 다른 문제들에 대해서는 부작용을 낳았다. 결국 국가의 주권 회복을 위해 독립운동이 끝났던 시점에 민주사회를 위한 운동이 새롭게 시작될 수밖에 없었다.

대한민국은 고속 경제성장의 시기를 지나 기나긴 저성장의 시기로 들어섰다. 세계는 이미 냉전의 시각에서 벗어나 다각화와 세계화를 외치며 변해 왔지만, 우리나라는 19세기 냉전시대에 형성된 대립적 사고방식에서 벗어나지 못하고 있다. 직접적으로 전쟁을 겪고 있지는 않지만 완전한 평화가 찾아온 것도 아니다. '휴전'이라는 일시적 상황에서 벗어나지 못하고 북한과 남한은 여전히 대치 상태를 이어가고 있다.

지금의 북한은 기본적인 교류조차 이어 나갈 수 없는 두려움의 대상이다. 그 결과 우리나라는 자원, 노동력, 영토 등 모든 부분에서 완전한 경쟁력을 갖추지 못한 채 세계와의 경쟁에 뛰어든 셈이다. 도대체 어디서부터 어떻게 잘못된 것일까?

만약 다음 세대의 주인공인 청소년들이 우리나라 역사에 대해 관심이 없고, 시대가 변화하고 있음을 제대로 알지 못한 채 편협한 시야에서 벗어나지 못한다면, 이것은 희망 없는 미래를 예고하는 경고음이 아닐까? 지금의 청소년들은 나라를 빼앗긴 아픔을 겪지 못했고, 전쟁을 경험하지도 않았으며, 인간의 기본적인 권리를 빼앗겨 본 적도 없다. 이런 시각에서 본다면 아무런 고통을 겪지 않고 자주독립국가와 민주사회에 살아가고 있다고 생각할 수 있다. 하지만 아직 이 시대가 해결하지 못한 '분단'이라는 과제 앞에서는 그 누구도 자유롭지 못하기에 온전한 평화를 누리고 있다고 말할 수도 없다.

끊어진 다리 위에서 마주한
대한민국의 현주소

분단의 비극이 일어난 원인을 스스로에게 묻기 위해 압록강 위의 끊어진 철교 앞에 서서 매서운 강바람을 맞았던 기억을 떠올려 본다. 압록강 위에 다리가 놓인 것은 1911년으로 이회영 선생이 압록강을 건넌 다음 해다. 그는 뱃사공에게 돈을 주며 "훗날 뱃삯이

압록강 다리가 처음 세워지던 무렵

없어 이 강을 건너지 못하는 조선인이 있으면 그냥 건너게 해 주
시게"라고 부탁했다고 한다. 다리 곳곳에 걸려 있는 소개글을 보
니 을사늑약 이후 조선통감부朝鮮統監府가 1905년부터 다리 시공
을 계획했다고 한다. 즉, 일본이 한반도를 통해 대륙으로 발을 넓
히기 위해 놓은 다리인 셈이다.

오늘날의 압록강 다리(왼쪽은 새로 건설된 다리이고, 오른쪽이 끊어진 다리다)

끊어진 철교를 오르기 위해 관광객들이 입장료를 내고 있었
다. 한국전쟁 당시 중국군 사령관이었던 펑더화이彭德懷, 팽덕회
가 전장을 호령하는 모습을 조각한 기념상 앞에서 사진 찍기에
여념이 없는 관광객들, 그들은 무슨 생각을 했을까? 조선을 위기
에서 구했다는 자부심을 먼저 생각할까, 아니면 전쟁의 아픔을

생각할까 궁금해진다. 화강암으로 새긴 기념석 한쪽에는 1950년이, 다른 한쪽에는 10월 19일이 쓰여 있고, 그 앞에 새겨진 세 마디 "웨이흐어핑為和平", 즉 "평화를 위해"가 눈에 들어온다. 압록강 철교는 1993년부터 관광지로 개발되었는데, 전쟁의 아픔을 담은 폐허가 세월이 지나 명소가 된 셈이다. 가다가 멈출 수밖에 없는 다리의 끝은 압록강 위다. 이어지지 못한 다리의 기둥 몇 개가 북한 쪽 강 위에 덩그러니 놓여 있다. 끊어진 철교 옆에 새로 놓인 다리를 오가는 기차와 차들은 많은 사람들을 북한과 중국으로 실어 나르고 있다.

1945년 8월 15일, 수많은 독립운동가들이 피를 흘리고 죽어가면서 꿈에도 그리던 광복을 맞이하자 백성들은 춤을 추며 기뻐했다. 그러나 감격을 제대로 누리지도 못한 채 외세에 의해 갈라진 38선은 한국전쟁을 겪으며 영영 넘을 수 없는 장벽이 되고 만다. 독립운동가들이 꿈꾸던 세상은 당당하게 우리말과 우리글을 쓰는, 서로가 자유롭게 사랑하는 사람을 마음껏 만날 수 있는 나라였을 것이다. 광복 70년이 지난 지금, 우리는 선인들에게 부끄러운 현실을 고백할 수밖에 없다.

이 땅은 아직도 분단 상태다. 눈앞에 바로 보이는 북한에 한 발자국도 디딜 수 없다. 북한은 이제 이 세상에서 가장 낯설고 두려운 곳이 되어 버렸다. 두려움은 알지 못하는 것에서 시작된 상상에 의한 편견이다. 사물 하나도 내가 보려고 하는 틀에 따라 다르게 보인다. 그 틀이 바뀌면 같은 사물이라도 완전히 다르다. 편견을 깨는 가장 좋은 방법은 직접 경험해 보는 것이다. 하지만 우리는 지금 북한에 가볼 수 없다. 서로가 적대시하며 계속 대립하고 있는 지금, 우리는 완전하고 진정한 광복을 맞이하지 못한 셈이다. 그저 주어진 결과물을 받아들이고 있을 뿐이다.

1950년 10월 19일, 중국군은 일본이 만든 이 철교를 지나 압록강 너머로 진출한다. 그러나 중국군의 보급로를 차단하기 위한 미국의 선택으로 폭격을 맞아 두 동강 나고 만다. 60년도 더 지난 지금 새로운 다리를 통해 북한과 중국이 연결되어 있지만, 우리들은 여전히 북한으로 갈 수 없다. 끊어진 다리 위에서 바라보는 북한 땅은 너무 멀고 적막해 보였다. 무엇이 진실이고 무엇이 거짓인지 판단할 기준조차 없는 지금의 상황이 답답할 뿐이다.

한국전쟁의 승자는 누구인가?

한국전쟁은 역사적으로 어떤 의미를 가지고 있을까? 한국전쟁의 승자는 과연 누구일까? 중국에서는 한국전쟁을 '캉메이위엔차오抗美援朝, 항미원조'라 한다. '미국에 대항하여 조선을 지원하자'

는 뜻이다. 이 뒤에 또 다른 말이 따라오는데 '빠오자웨이궈保家衛國', 즉 '가족과 국가를 보호하자'는 것이다. 말하자면 중국의 한국전쟁 참전은 조선을 돕는 것뿐만 아니라 미국에 대항해 나라를 지킨다는 뜻이다. 그래서 그런지 중국인에게 한국전쟁은 미국에 대항해서 승리를 얻은 전쟁으로 더 선명하게 각인되어 있다. 전쟁의 비극적 참상보다 미국이라는 패권국에 대한 대항이라는 자부심이 더 커 보인다.

　단둥에 있는 항미원조기념관에서 눈여겨 볼 만한 대목은 미국이 한국전쟁 당시 세균전을 진행했다는 것과 소비에트 공화국이 참전했다는 증거 자료가 있다는 점이었다. 이 기념관에는 1950년 10월 25일부터 11월 5일까지 연합군을 압록강에서 청천강 이남까지 후퇴시킨 첫 번째 전투 이후 다섯 차례에 걸친 전투 기록이 전시되어 있다. 1952년부터는 연합군의 교살전과 세균전에 대항해 땅굴을 파고 전투를 벌였는데, 특히 미군은 조선의 북부와 중국의 동북부 지역에서 세균전을 진행했다고 쓰여 있다. 게다가 세균을 퍼트린 폭탄과 1952년 4월 1일 국제민주법률공작자협회가 세균전에 대해 조사하고 발표한 사진이 전시되어 있다. 이 전시물들이 사실인지 아닌지를 떠나 전쟁에는 절대적 승자가 없음을 다시 한번 알 수 있게 해 준다.

　한국전쟁의 진행은 스탈린과 마오쩌둥의 예상대로 북한군이 낙동강까지 점령했다. 오키나와에 주둔하던 미군이 인천상륙

6.25 전쟁의 또다른 얼굴, 항미원조기념관

작전을 진행한 이후 전세가 뒤바뀌어 압록강까지 옆으로 진격했
다. 이때 중국은 중화인민공화국 건국을 선포한 지 1년이 채 안
된 시기였다. 중국의 입장에서는 미국이 국가의 안전을 위협한
다고 볼 수밖에 없었던 상황이라 펑더화이를 사령관으로 삼아
한국전쟁에 참전한다.

한국전쟁을 사건 중심으로 단순하게 생각하면 1950년 6월 25일 북한의 공격에서 시작된 남한과 북한 사이에서 벌어진 내전이다. 그러나 세계 정치사적 시각에서 보면 한국전쟁은 동아시아에서 일어난 30년 전쟁의 연장선상에 놓인 국제적 전쟁이다. 한국전쟁은 일본 제국주의가 물러난 정치적 공백기에 자본주의와 사회주의가 벌인 30년 전쟁 중 가장 치열한 국제 전쟁이라 할 수 있다.

1945년 일본의 패망으로 일본 제국주의가 아시아에서 물러난 이후 중국에서는 국민당과 공산당이 내전을 벌인 결과 공산당이 승리를 거머쥐었다. 그 후 한국전쟁과 인도차이나 반도의 내전, 그리고 베트남전쟁이 계속되었다. 약 30년에 걸친 국제적 전쟁의 한복판에 한국전쟁이 있었던 것이다.

한국전쟁의 원인에 대해서는 이견이 없을 정도로 북한이 남한을 침범했다는 것이 정설이다. 그러나 미국 정부의 문서를 바탕으로 한반도를 미국의 방위지역에서 제외했던 애치슨 선언이 북한을 유도했고, 이 때문에 한국전쟁이 발발했다는 의견도 있다. 물론 이 견해는 1990년대 후반 한국전쟁과 관련된 스탈린과 김일성의 외교 문건이 모두 공개된 이후에는 인정받지 못하고 있다. 그러나 한국전쟁의 발발 책임이 외부에 있다는 관점에서 해석함으로써 남과 북이 화해할 수 있는 최소한의 여지를 만들었다는 점에서 흥미롭다. 한국전쟁에 대한 책임을 안에서만 찾는다면 끝나지 않는 책임 공방과 적대감만이 확대될 것이 불 보듯 뻔하다.

해방 이후 당시 북한에는 조선의용대 화북지대 용사 등 10만 명이 상주해 있었고, 남한에서는 남로당원들이 비밀리에 활동하고 있었다. 모스크바 외교 비밀문서가 공개되면서 마오쩌둥과 스탈린 또한 북한을 직·간접적으로 지원하고 있었음이 밝혀졌다.

북한군에 의해 낙동강 유역까지 점령당한 시점에서 유엔은 북한의 남침을 인정하고 군대를 파견할 것을 결정했다. 미군을 중심으로 한 유엔평화유지군은 인천상륙작전 이후 전세를 뒤집었다. 승승장구하던 유엔평화유지군은 중국군이 합류하자 1951년 1월 4일 한강 유역까지 후퇴하고 만다. 이때 미군 사령관이었던 맥아더는 만주에 핵 공격을 할 것을 요청했지만 받아들여지지 않았고, 한국전쟁은 내전이 아닌 중국과 미국의 전쟁으로 변모하고 만다. 결국 1953년 7월 27일 판문점에서 종전이 아닌 휴전에 협의하게 되었으나 대한민국은 휴전 협정에 참여하지 못했다. 중국, 북한, 미국이 서명한 휴전 협정서에는 어디에도 대한민국의 이름을 찾을 수 없다. 승전국도 패전국도 없는 한국전쟁은 수백만 명의 사상자와 이산가족을 만든 채 일시적으로 중단되었다. 그때부터 반세기가 넘는 시간 동안 우리는 자유롭게 드나들던 북한 땅을 갈 수 없다.

진정한 평화를 위해
통일의 노래를 부르자

일제강점기를 살았던 조선의 지식인들에게 닥친 문제는 나라 잃은 조선 백성으로서 어떻게 일본의 지배에서 벗어날 수 있을 것인가와 해방 이후 조선을 어떤 나라로 만들어야 할까였다. 그들은 수많은 사상을 공부하고 접하면서 이런 문제에 대한 답을 찾으려 애썼다. 사회주의도 그 많은 사상들 중 하나였을 뿐이다. 사실 일제강점기 독립운동가들에게 그들이 택한 공산주의, 사회주의, 민족주의, 아나키즘 등의 사상은 그저 조국의 독립을 위한 순수한 이념일 뿐 그 이상도 그 이하도 아니었다. 어떤 이념을 믿고 따르든, 그들에게는 오직 조선의 독립만이 목표였을 뿐이다.

그러나 해방을 맞이하자마자 남과 북의 서로 다른 이념 대립이 독립과 통일보다 우선되었다. 외세에 의한 해방은 우리민족 스스로가 미래를 결정할 수 있는 상황을 만들어 주지 못했다. 얄타회담에서 강대국끼리 결정한 대로 한반도는 38선을 기준으로 남북으로 갈라졌다. 김구나 김규식 같은 사람들이 남북협상을 통해 38선을 무너뜨리려 했으나 소용없었다. 러시아와 미국이라는 강대국의 손에 운명이 갈린 대한민국은 1948년 8월 이승만을 중심으로 한 남한의 단독정부가 수립되었고, 1949년 9월 조선민주주의공화국이 수립되었다.

남북공동선언을 발표한 故 김대중 대통령과 故 김정일 국방위원장

2000년에 발표한 6.15 남북공동선언문

남한과 북한의 정치가들은 통일이 독립의 완성이라는 것을 알고 있을 것이다. 그런 의미에서 몇 차례 남한과 북한이 화해의 시도를 한 적이 있으며 7.4남북공동선언이나 6.15선언 같은 결과를 이끌어 내기도 했다. 하지만 현재는 남한과 북한의 공기가 매우 경직되어 있다.

하지만 꽁꽁 얼어버린 강도 봄이 오면 녹는다. 서로가 떨어져 있던 시간보다 훨씬 더 긴 시간을 하나의 국가로 함께 살아온 우리민족이 전쟁의 상처와 아픔을 치유하고 서로에게 다가설 날이 올 것이라 생각한다. 끊어진 압록강의 철교가 다시 이어지고, 남한과 북한이 자유롭게 오갈 수 있는 날이 반드시 올 것이다. 이 땅에 진정한 평화가 오길 바라는 사람들이 부르는 희망의 노래가 서로에게 전달될 수 있기를 기도해 본다.

새로운
한반도가 이끌
동아시아의
미래

왜곡된 현대사에서
벗어나려면?

옌지延吉, 연길에서 투먼圖们, 도문, 훈춘을 지나 압록강 하류를 따라 한 시간을 차로 달리면 중국, 러시아, 북한을 한눈에 볼 수 있는 권하촌圈河村 세관이 있다. 가까이 다가가 사진을 찍으려 하니 중국 공안 요원들이 제지한다. 평범한 국경도시에서 기대해 볼 만한 활기찬 모습은 없고, 매서운 바람과 흐린 하늘만 보인다. 권하촌을 지나 철조망이 둘러진 두만강 앞에 섰다. 압록강만큼이나 매서운 두만강의 강바람을 맞으며 말없이 북한 땅을 바라보았다. 두만강을 뒤로한 철조망이 유난히 높아 보인다. 철조망은 높았고, 북한 땅은 너무나 멀었고, 그곳은 참 많이 추웠다. 두만강을 뒤로 한 채 차로 한 시간을 더 달려 세 나라를 한눈에 볼 수 있는 국경도시 팡촨防川, 방촌으로 향했다. 통일된 대한민국이라면 철도를 통해

두만강 나루터(오른편에 북한 땅이 손에 잡힐듯 보인다)

유라시아 대륙으로 뻗어 나갈 수 있는 길목인 국경도시에서 고립된 섬, 대한민국을 떠올릴 수밖에 없었다.

분단된 상황에서 이루어진 교육은 한국전쟁 시기에 적으로 만난 중국과 러시아에 대해 편견을 갖게 만들었다. 지금은 경제적 교류를 통해 서로에 대해 조금씩 이해해 나가고 있지만, 뿌리 깊이 박힌 획일화된 이미지는 그 나라에 대한 본질과 문화를 있는 그대로 받아들이지 못하는 장치가 되었다. 반대로 미국에 대

　해서는 미국이 우리나라를 도와 현재의 대한민국이 만들어졌고, 미국이 없으면 한반도의 안보가 위태로울 것이라는 절대적 믿음을 얻었다.

　　나와 다른 문화를 가진 사람들과 많이 교류하고 경험할수록 세상을 바라보는 시야가 더 넓어지고 점점 더 많은 것들이 보이기 시작한다. 이런 과정을 거쳐 만들어진 풍성한 정보는 비판적 사고를 가능하게 해 준다. 뉴스나 책을 통해 얻은 정보라고 하더

팡찬의 북중러 삼각지에 걸린 세 나라의 국기

라도 직접 경험해 본 곳에 대한 정보와 그렇지 않은 곳에 대한 정보는 다르게 받아들여질 가능성이 크다. 예를 들어 '중국인은 잘 안 씻는다'는 이야기를 들었을 때 중국을 한 번이라도 경험해 본 사람과 그렇지 않은 사람은 서로 다른 대응을 할 것이다. 중국을 경험한 적이 없는 이들이라면 정보에 관심을 가졌다고 해도 의문을 제기하거나 비판적 사고를 하기는 매우 어려울 것이다. 어쩌면 왜 그래야 하는지 잘 모를 가능성이 크다. 반면 한번이라도 중국을 다녀온 사람이라면 우선 중국과 관련된 정보를 좀 더 자세히 읽게 될 것이며, 그 정보가 내가 경험해서 얻은 정보와 일치하는지, 또는 너무 일방적이지는 않은지를 확인할 가능성이 크다. 이렇게 일방적이고 무의식적으로 받아들이는 정보가 쌍방향이 될 때 그 정보는 좀 더 정확해지기 마련이다.

편견과 무관심을 넘어 새로운 역사를 향해

많은 사람들이 교류하며 서로의 생각과 경험을 나눌 때 우리는 수많은 편견에서 벗어날 수 있다. 그러나 우리나라의 현대사는 스스로 가졌어야 하는 정보의 여과장치를 모두 없애 버렸다. 독립운동의 역사에서 사회주의와 아나키즘은 모두 배제되었고, 북한은 절대 악의 세력이 되었다. 북한 역시 민족주의 우파 계열의 독립운동사는 부정하고 무시했다. 왜 항일운동이라는 본질이 흐려지고 악의적인 해석을 덧붙여야 했을까? 왜 우리는 아무런 비판 없이 왜곡된 현대사를 마주하고 살아야 하는 걸까?

우리는 주변 국가들을 열린 마음으로 수용하고, 그 문화의 본질을 이해하기 위해 기울인 시간이 절대적으로 부족했다. 분단 이후 지난 70년 동안 우리에게 사회주의는 그 본질에 대한 이해를 떠나 '막연한 공포'로 자리 잡고 있었다. 반공의 시대는 지나왔지만 그 흔적마저 쉽게 지워지는 것은 아니기 때문이다. 지나온 시대의 아픔을 이해할 만큼 성숙했다면 그 다음은 포용이다. 좀 더 열린 자세와 넓은 시각으로 우리의 주변국을 바라볼 때 우리가 가야 할 방향을 좀 더 정확히 그려 볼 수 있을 것이다.

현재 동양과 서양으로 대표되는 중국과 미국의 중간지점에 놓인 한반도의 상황은 120년 전과 비슷하다. 1894년 청과 일본의 세력 교체지점에서 대한민국은 내실을 다지기보다는 외부의 힘을 끌어들이기 바빴다. 동학농민운동의 진압 과정에서 청의 힘을 빌린 것을 계기로 일본 역시 조선에 영향력을 미치기 시작했고, 청일전쟁에서 청이 패배한 이후로 동아시아는 일본의 지배를 받기 시작했다. 1910년 강제 합병 이후 1945년 해방을 맞이했으나 미국과 러시아의 힘에 의해 다시 분단되고 말았다. 이제 냉전시대의 마지막 유물인 한반도의 분단을 어떻게 극복하느냐의 문제는 우리나라만의 문제가 아니라 세계적 문제다. 냉전시대의 유산을 현명하게 극복할 것인지, 아니면 또 다른 냉전시대를 불러올 것인지가 우리의 손에 달려 있다.

만일 우리가 120년 전의 그때처럼 변화하는 외부의 상황에 적절히 대처하지 못한다면 우리나라의 비극적인 현대사는 앞으로 계속될 것이다. 반대로 과거를 거울삼아 남북한이 서로 협력하여 통일을 이룬다면 동양과 서양이라는 두 문명의 축 사이에서 '융합과 조화'라는 새로운 역사를 열 수도 있다. 그 시작은 우리나라를 둘러싼 주변 국가에 대한 '편견'과 '무관심'을 어떻게 넘어서느냐에 달려 있다.

오해와
갈등을 넘어
'마주보기'

있는 그대로의
역사를 인식하자

새로운 시대를 준비하는 미래로의 여행, 그 여행이 가능하려면 우리가 가진 갈등을 있는 그대로 바라보아야 한다. 우리나라의 역사에서 민족주의(자유주의)와 공산주의(사회주의)가 대립하기 시작한 것은 1918년으로 거슬러 올라간다. 1918년 상하이에서 만들어진 신한청년당은 민족주의 계열의 한인 청년들이 모여 만든 단체다. 여운형이 주축이 되어 '대한독립, 사회개량, 세계대동'이라는 강령을 내세웠다. 1918년 12월에는 미국의 윌슨 대통령에게 독립청원서를 전달했으며, 다음 해 1월에는 김규식을 파리강화회의에 파견하여 조선의 독립을 요구했다. 상하이의 임시정부가 실질적인 통합 임시정부로 자리 잡자 스스로 해체했다.

반면 1918년 하바롭스크에서 만들어진 한인사회당은 김알렉

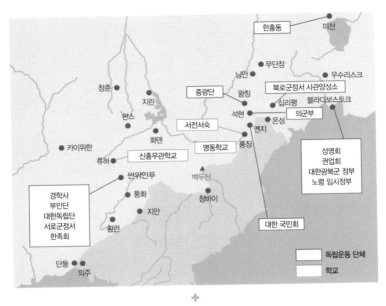

국외에 세워진 독립운동 단체와 학교들

산드라 스탄케비치와 이동휘가 주축이 되어 만들어졌다. 임시정부의 국무총리를 지내기도 했던 이동휘는 러시아의 지원을 염두에 두고 당을 만들었는데, 러시아혁명에 성공한 레닌은 이들을 통해 조선의 독립운동에 필요한 자금을 지원하기도 했다.

　1920년대 초, 독립군들은 봉오동과 청산리에서 승리를 거두었지만 그 이후의 성과는 미비했다. 대신 사회주의 혁명에 새로운 희망을 바라보고 러시아의 알렉세예브스크Alekseyevsk, 자유시, 현재의 스바보드니Svobodny 마을로 몰려들었다. 그런데 러시아공산당의 지휘를 받아야 했던 독립군들은 지도부 사이의 갈등으로 엄청난 비극을 저지르고 만다. 이곳에 모인 한인독립군대 중 오하묵이 이끄는 자유대대와 박일리아가 이끄는 니항군 사이에 독립군 통수권을 둘러싼 갈등이 일어났다. 당시 독립군은 러시아와 중국공산당의 영향으로 같은 고려공산당 이름 아래 러시아파이르쿠츠크파와 상하이파로 나뉘어 있었는데, 이것은 블라디보스토크의 대한국민의회와 상하이 임시정부 간의 갈등이기도 했다. 자유대대는 러시아파였고, 니항군은 상하이파였다. 둘 사이에 일어난 무장 충돌로 수많은 사람들이 죽고 다쳤다. 이것이 자유시참변이다.

많은 사람들이 중국에서 공산당이 먼저 창당되었다고 생각하지만, 중국이 공산당을 창당한 것은 고려공산당이 세워진 것보다 늦은 시기다. 이보다 먼저 신해혁명을 일으킨 국민당은 쑨원을 중심으로 삼민주의, 즉 민족주의, 민권주의, 민생주의를 바탕으로 1912년 중화민국을 건국한다. 상하이의 독립운동가들은 국민당과 유대가 깊었는데, 상하이의 임시정부를 승인한 세계의 유일한 나라가 중국 국민당 정부였다. 신해혁명에 참가했던 신규식과 쑨원의 친분관계 때문이었던 것으로 보인다. 쑨원은 황푸군관학교에 조선인도 입학할 수 있게 해 주었다. 이후 1921년 마오쩌둥을 주축으로 하여 노동자와 농민이 중심이 된 평등사회 건설을 가치로 내건 중국공산당이 창당되었다. 이렇게 민족주의 계열은 국민당과 연계하고, 사회주의 계열은 공산당과 연계해 나갔다.

　식민지 시대를 살며 조국의 독립을 꿈꾸던 지식인들은 해방 이후의 새로운 조국을 만들 이념과 체제를 고민해야 했다. 1920년대 국내외에서는 민족주의 계열의 독립운동가와 사회주의 계열, 그리고 아나키스트 계열의 독립운동가 사이에 분열이 생길 수밖에 없었다. 서로 다른 체제를 선택하고 지지했지만 독립운동가들에게는 '일본의 지배를 벗어난 독립'이라는 공동의 목표가 있었다.

　결국 독립운동가들은 하나의 나라에는 하나의 사상만이 존재해야 한다는 생각을 하기 시작했고, 하나의 당을 만들어야 한다는 결론에 이른다. 국내에서는 신간회를 중심으로, 국외에서는 민족 유일당을 중심으로 통합 운동이 있었으나 안타깝게도 모두 실패하고 만다. 그 결과 어제의 동지가 오늘의 적이 되어 서로를 암살하고 학살하는 비극으로 이어졌다. 특히 상하이와 베이징, 만주에서는 무장독립운동, 즉 테러를 통한 독립운동의 옳고 그름을 두고 타협과 비타협의 갈등이 심화되었다.

　독립운동가들 사이에서도 테러 행위를 일삼았다. 그 예 중 하나가 청산리 전투의 영웅 김좌진이다. 그는 일본군이 아니라 조선인의 손에 죽었다. 분열과 갈등, 그리고 통합의 실패는 해방 이후에도 지속된다. 좌익과 우익 간의 테러, 김구와 여운형의 암살, 제주 4.3사건과 여수-순천사건 등 민족끼리 벌이는 비극이 끊임없이 이어졌다. 한반도는 지금도 전쟁이 끝나지 않은 상태다. 조국의 해방을 위한 독립운동은 남북통일이 이루어지는 그날 완성될 것이다.

새로운 희망,
미래의 대한민국을 위해

지금 한반도를 둘러싼 국제정세는 1894년 한반도를 중심에 두고 중국, 일본, 러시아, 미국이 대결하던 상황과 매우 비슷하다. 미국의 대 아시아 정책, 중국의 부상, 일본의 군국주의화 이 세 가지 요소가 모두 한반도에서 부딪히고 있다. 하지만 대한민국의 국력은 120년 전 그때의 허약함과는 다르다. 우리는 이러한 국제정세를 우리에게 유리한 상황으로 충분히 만들 수 있다. 우리 스스로 통일에 유리한 상황으로 바꿔 나갈 수 있는 것이다.

지금 세계는 미국과 중국 그 어떤 국가도 혼자서 패권을 쥘 수 없는 상황이다. 이런 상황에서는 대한민국 같은 중견국의 외교적 역량이 발휘될 여지가 넓어진다. 중국과 미국 모두에게 지지세력을 확보하는 것은 중요한 문제가 되기 때문이다. 이런 경우 한국과 같은 중견국들은 세계 정세를 잘 활용해 원하는 패를 두고 협상을 벌일 수 있는 기회가 많아진다. 이는 송과 거란의 세력 균

형이라는 국제정세 속에서 고려의 외교관 서희가 협상 능력을 십분 발휘하여 강동6주를 얻었던 것과 같은 논리다. 이제 한중일 청년들은 서로 만나야 한다. 북한과 남한의 청년들도 함께 만나 서로를 이해하며 기성세대의 배타적 이데올로기에서 해방되어야 한다. 그리하여 통일을 논의하고 동아시아 공동체의 꿈을 만들어야 한다.

현재 우리가 마주하고 있는 중국과 미국의 갈등은 통일된 대한민국을 만들 수 있는 기회다. 우리가 이 기회를 어떻게 활용하는가에 따라 우리는 전혀 다른 미래를 맞이할 것이다. 미래를 이끌어갈 청년들이 그들이 살고 있는 땅의 역사에 무지하고, 주변의 변화와 국제정세를 파악하지 못한다면 그 사회에는 더 이상 희망이 없다.

평화무임승차자로 러시아, 중국, 일본 등을 떠돌았던 지난 80일! 나는 이 역사 기억 여행의 끝에서 80일간의 무임승차를 끝낼 승차권을 샀다. 그것은 바로 수많은 사람들의 피와 노력으로 이룬 이 땅의 역사를 '올바로 기억할 책임'이다.

앞으로 '책임'이라는 승차권을 손에 쥔 더 많은 사람들과 함께 통일 대한민국으로 떠나는 기차를 탈 수 있기를 간절히 바란다.

사진 제공

우당기념관 22쪽, 42쪽
안중근 의사 기념관 59쪽, 61쪽, 63쪽, 74쪽, 78쪽
* 사진을 제공해 준 기관 및 관계자 분들께 감사드립니다.
* 일부 저작권을 찾지 못한 사진은 확인되는 대로 정해진 절차에 따라 이용료를 지
  불하겠습니다.